Thomas Drexel

Lofts Wohnen und Arbeiten
in umgebauten Fabriketagen
25 Beispiele aus Deutschland,
Österreich und der Schweiz

Callwey

Inhalt

Mehr Lust am Loft:
Von der Fabrik
zum Vorzeigeobjekt

Der Begriff des »Lofts« kam erstmals um die Wende vom 19. zum 20. Jahrhundert auf, als sich in den großen Metropolen wie New York, London und Paris meist nicht sehr betuchte Künstler leer stehende Fabriken und Lagerhallen einrichteten, um dort zu wohnen und zu arbeiten.

Dieses Wohnen und Arbeiten in alten Fabrikgebäuden und Gewerbebauten liegt ohne Zweifel heute absolut im Trend. Dabei handelt es sich um keine kurzfristige Modeerscheinung, sondern um eine bereits seit vielen Jahren ungebrochene »Wohnfaszination«. Gelangen Lofts zum Verkauf oder zur Vermietung, übersteigt die Zahl der Interessenten das vorhandene Angebot meist um ein Vielfaches – und dies bei in der Regel sehr hohen Investitionen. Woraus aber erklärt sich nun die Anziehungskraft des Loft-Wohnens?

Loft – Luft – Lust

Verrückt und kreativ leben wie einst Andy Warhol nebst Anhang in seiner »factory« – ein Wohn-Traum der besonderen Art. Was noch in den sechziger Jahren einer Hand voll Künstlern und

Bohemiens vorbehalten und bei der Mehrheit der so genannten braven Bürger verpönt war, zieht heute breiteste Kreise an – vom erfolgreichen Rechtsanwalt bis zum Designer. Kreative, aber nicht nur sie, lieben die besondere Atmosphäre alter Fabriketagen in weiten, offenen und oft auch sehr hohen Räumen, wo der Blick schweifen kann

und nicht durch zahlreiche Wände und Sichtbarrieren verstellt wird. Die hohen Räume lassen Luft zum Atemholen und zum Nachdenken, zum Entspannen wie auch zum konzentrierten Schaffen. Künstler und Kunstsammler nutzen den Loft nicht nur zum Wohnen, sondern auch zum Arbeiten oder zur Präsentation ihrer Kunstwerke. Hierfür bieten die Beispielprojekte auf den Seiten 98–105 und 124–129 reiches Anschauungsmaterial. Aber auch »Normalkreative« lockt das Loft-Leben mit seiner besonders anregenden und in mehrfacher Hinsicht »lustvollen« und jegliches Tun befruchtenden Ausstrahlung.

Die historische Aura
ehemaliger Fabriketagen

Alte Backsteinmauern und massige Stützen aus Stahl, Beton oder Holz, die häufig noch die Spuren und Schrammen gewerblicher Nutzung zeigen, atmen ein besonderes Flair. Ihre gleichsam ruppig zu nennende – man könnte auch sagen, puristische – Ausstrahlung ergibt sich aus der besonderen, mit der ehemaligen Arbeitsatmosphä-

re verbundenen Gewerbenutzung und deren Relikten. Nicht nur die eigentlichen Fabrikgebäude selbst, sondern auch ihre Nebengebäude – etwa Mühlen, Turbinenhäuser, Lagerhallen – bieten sich für die Sanierung und Umnutzung an.

Die in diesem Buch vertretenen Architekten haben allesamt höchst einfallsreiche und kreative Ideen entwickelt, die die Faszination des Alten bewahren und doch zeitgemäße Nutzungsmöglichkeiten bieten. Unter weitestmöglicher Beibehaltung des alten Raumeindrucks und damit des Raumerlebnisses entstanden dabei überzeugende Lösungen der Innenarchitektur.

Neu eingebaute Galerien zum Wohnen, Schlafen oder Arbeiten erhöhen den zur Verfügung stehenden nutzbaren Raum und ermöglichen zugleich einen zusätzlichen Blickwinkel von oben. Containerartige, visuell klar vom übrigen Raum abgegrenzte Einbauten für Bäder oder andere separate Rückzugsräume schaffen punktuell die notwendige Geschlossenheit, ohne die Offenheit und die Großzügigkeit des Raumgefühls zu mindern.

Vom Wohntraum unterm Dach bis zum Reihenhaus-Loft

Dach-Lofts sind in doppelter Hinsicht die höchste Steigerung des Wohnerlebnisses: Alte Licht-Sheds oder Glasbauteile lassen Dach-Lofts besonders attraktiv werden, da hier das von oben hereinströmende natürliche Licht ganz spezifische Wirkung entfaltet. Dies ist unter anderem für Künstler und Kunstmaler besonders wichtig, aber auch sonst beim Arbeiten und Wohnen höchst angenehm. Beispiele für solch faszinierende Wohn- und Kreativerlebnisse unter Dach bieten viele der in diesem Buch vorgestellten Loft-Projekte, unter anderem diejenigen auf den Seiten 36–39, 78–85 und 140–147. Insgesamt werden in diesem Buch 25 vorbildhafte, spannende und vom Charakter her sehr unterschiedlich konzipierte Loft-Lösungen aus Deutschland, Österreich und der Schweiz präsentiert, die teils dem Wohnen, teils dem Arbeiten, teils auch beiden Funktionen dienen. Selbstverständlich sind dabei die Metropolen des deutschsprachigen Raums vertreten, wo sich Kreative und »Loft-Menschen« in beson

derem Maße tummeln: Unter anderem stellt dieses Buch Loft-Träume aus Berlin, Köln, Frankfurt, München, Leipzig, Wien, Graz und Zürich vor. Daneben sind aber auch zahlreiche weitere Städte und Regionen vertreten, denn Gewerbebauten entstanden ja nicht nur in den Großstädten, sondern teils auch in der so genannten Provinz. Viele dieser eigentlich metropolen-fernen Projekte zeigen, dass das Loft-Wohnen auch außerhalb der Ballungsräume zu höchst kreativen Ergebnissen führt und durchaus große Anziehungskraft ausübt .

Der Schwerpunkt der Darstellung wird auf die Dokumentation des Ist-Zustands und die Inneneinrichtung gelegt. Fotos des Vorzustands und des Umbauprozesses veranschaulichen den Vorgang der Sanierung und Umgestaltung. Pläne ermöglichen es dem Leser, Erschließung und Raumprogramm der Projekte auf einen Blick abzulesen.

Die technischen Daten geben Informationen in kompakter Form. Adressen der Architekten sowie Angaben zu Verkauf und Vermietung finden sich im Anhang.

Einführung

Lofts erwerben, sanieren und einrichten

Der Weg zur eigenen Fabriketage: Suche und Erwerb

Lofts erzielen – sowohl bei Verkauf als auch bei Vermietung – Höchstpreise, das heißt € 4.500,– je Quadratmeter und mehr. Die Wertbeständigkeit einer gut sanierten Loft-Immobilie liegt weit über der anderer attraktiver Immobilienangebote. Sogar Wohnort- und Arbeits-

Wildromantische Industriebrachen wie hier mit Fabrikationsgebäuden und Schornstein können durch Sanierung und Umnutzung zu beispielhafter Loft-Architektur werden (siehe hierzu das Projekt auf S. 60–63).

platzwechsel sind somit und wegen der leichten Verkäuflichkeit eines Lofts in Großstadtlagen jederzeit möglich, ohne Zeit und Geld zu verlieren. Dort kann bei sich stark verknappendem adäquaten Angebot sogar von einer Wertsteigerung von Gebraucht-Lofts ausgegangen werden. Bestes Beispiel ist die Lage in »Boomtown« München, der rot-grünen Metropole des weißblauen Südens. Hier steht einem ständig wachsenden Zustrom kaufkräftiger potenzieller Loft-Käufer eine starke Angebotsverknappung gegenüber. Bauträger und Immobilienvermitttler warten hier auf zusätzlichen Loft-Raum für Sanierung und Umnutzung, den man sich etwa von Betriebsverlagerungen aus der Innenstadt an die Peripherie erhofft.

Doch nicht nur Käufer, auch Loft-Mieter stehen Schlange. Ob Heimstatt für Singles, Paare oder Familien mit Kindern, ob Kunstatelier oder Wohngalerie, ob Räume für MediaDesign-Unternehmen, Werbeagentur, Filmstudio, Architekturbüros oder aufstrebende Verlage, alle sind süchtig nach dem offenen Wohnerlebnis mit Geschichte. Auch

dadurch ist klar belegt, dass ein Loft in nahezu jedem Fall eine lohnende Zukunftsinvestition darstellt. Schwierigkeiten bei Verkauf oder Vermietung können allenfalls in abgelegenen, weit von Großstädten entfernten Gegenden auftreten, wo das Wohnen in ehemaligen Gewerbebauten noch nicht jedermanns Beifall findet.

Die Suche nach dem Traum-Loft

Bereits fertig renovierte oder vor der Fertigstellung stehende Lofts werden in der Regel direkt über den Bauträger beziehungsweise Eigentümer oder über einen beauftragten Immobilienmakler angeboten. Zahlreiche Kontaktadressen für jeden Geschmack finden sich in den einzelnen Beispielkapiteln ab Seite 22. Gerade auf Loft-Architektur spezialisierte Agenturen haben Angebote verschiedenster Stile und für verschiedenste Geschmäcker vorrätig. Teils besteht aber auch die Möglichkeit, vom Bauträger eine unsanierte Fabriketage zu erwerben und nach den eigenen Vorstellungen zu renovieren – aber Achtung: Mag diese Variante auch auf den ersten Blick sehr reizvoll erscheinen,

Nach gelungener Sanierung bietet dieser Loft nicht nur ein unvergleichliches Raumgefühl, sondern stellt gleichzeitig eine gute Wertanlage dar (siehe auch S. 148–155).

ist sie letztlich doch nur etwas für Leute vom Fach, sprich den Architekten/die Architektin, die die Sanierung, die neue Aufteilung des Innenraums und so fort selber planen und den Bauablauf persönlich überwachen können (siehe hierzu das Beispiel auf den Seiten 106–111). Möglich ist demgegenüber allerdings der Erwerb eines bautechnisch sanierten Lofts, der nun nach den eigenen Vorstellungen fertig ausgestaltet werden kann. Handwerklich geschickte Personen können große Teile des Innenausbaus, wie Galerien und Leichtbau-Trennwände, ohne Probleme selbst in die Hand nehmen.

Wer sich für eine größere Loft-Immobilie zur Sanierung in Eigenregie entschließt, konsultiert in jedem Fall am besten die zuständigen Baubehörden in den Städten, Kommunen und regionalen Gebietskörperschaften (in Deutschland bei kreisfreien Städten die Landkreise) vor Ort. Sucht man nach älteren, in vielen Fällen denkmalgeschützten Gebäuden, setzt man sich am einfachsten mit den Unteren Denkmalschutzbehörden auf kommunaler Ebene in Verbindung. In größeren

Städten sitzen die verantwortlichen Ansprechpartner zumeist in den Stadtplanungs- oder Hochbauämtern. Hier gibt es oft sogar Spezialisten für alte Industriebauten und Industriedenkmäler, die unter Umständen bereits eine kleine Liste mit zum Verkauf stehenden Gewerbeimmobilien bereit halten. In Deutschland können zusätzlich auch die Landesdenkmalämter, in der Schweiz die jeweilige Kantonale Denkmalpflege und in Österreich die Fachstellen des Bundesdenkmalamts nach lohnenden Objekten befragt werden.

Augen auf vor dem Kauf

Bevor die Entscheidung über den Kauf einer Loft-Immobilie getroffen wird, sollte immer ein kompetenter, sanierungserfahrener Architekt konsultiert werden. Dieser sollte den Bauzustand und den abzusehenden Sanierungsbedarf eingehend beurteilen, damit schon vor dem Kauf ausreichend zuverlässige Rückschlüsse auf die Höhe der notwendigen Investitionen möglich sind. Noch besser ist es, wenn zusätzlich schon im Vorfeld des Erwerbs eine grobe Sanierungsplanung aufgestellt wird,

die von den beabsichtigten Umbau- und Umnutzungsplanungen ausgeht. So kann der Finanzierungsrahmen frühzeitig so weit abgesteckt werden, dass später kein unabsehbarer Nachfinanzierungsbedarf auftritt.

Ein wichtiger, unter Umständen finanziell teuer werdender Punkt ist die Frage nach der Altlastenfreiheit der zu erwerbenden Immobilie. Besteht hierüber keine nachprüfbare Sicherheit, so sollte im Kaufvertrag ausdrücklich dem Verkäufer die Verantwortung für die Entfernung etwaiger Altlasten zugewiesen werden.

Ein Loft muss nicht unerschwinglich sein

Obgleich sich im Allgemeinen die Marktpreise für Kauf- wie auch Miet-Lofts im allerobersten Bereich der Immobilienpreise bewegen, gibt es auch bei sanierten Angeboten Ausnahmen. Dies muss keineswegs mit einer bescheideneren Qualität der Sanierung einhergehen, wie die Beispiele dieses Buches nachdrücklich belegen (siehe hierzu etwa Seite 64–71 und 124–129). Zum einen ist es teils immer noch möglich,

Solche kleinen, unscheinbaren Hallen können mit Hilfe eines guten Architekten mit vergleichsweise geringem Kostenaufwand renoviert und umgebaut werden.

bebaute Grundstücke auf aufgelassenen Industriebrachen (z.B. aufgegebene Lagerhallen, Werkstätten...) relativ günstig zu erwerben und mit Hilfe eines kreativen Architekten attraktiv zu verkaufen oder zu vermieten. Ferner sollte sich der nicht mit Papas Portemonnaie ausgestattete Loft-Liebhaber mit dem Gedanken tragen, kleinere Gewerberäume zu erwerben und in Eigeninitiative – am besten allerdings auch hier unter der Ägide eines Architekten – herzurichten. Gerade kleine Werkstattgebäude und kleine Hallen bieten ungeahnte Möglichkeiten. Zudem sind sie für finanzkräftige Investoren meist nicht besonders interessant und unter anderem deshalb auch deutlich günstiger als andere Liegenschaften. Bei Eigenerwerb hat man es von Anbeginn an selbst in der Hand, wie der Loft im Äußeren und im Inneren gestaltet werden soll. Bei etwaigen finanziellen Engpässen ist es möglich, den Sanierungsprozess zu unterbrechen und zu gegebenem Zeitpunkt weiterzumachen. Ein wichtiger Pluspunkt ist auch der, dass die Größe eines Lofts es meist erlaubt, in einen sanierten oder zumindest bewohnbar gemachten Teil bereits einzuziehen, während in einem anderen Bereich noch weiter gearbeitet wird.

Hilfe statt Hürde: Baurechtliche Fragen und Denkmalschutz

Wie beispielsweise in Hamburg die Speichergebäude, sind in anderen Städten mit abweichender Industriegeschichte andere Zeugnisse der Industriekultur stark vertreten, so etwa Bauten der Textilindustrie – hier sei nur an die fernsehnotorische »Samt und Seide«-Kulisse der alten Textilstadt Augsburg erinnert. Viele heute als Lofts angebotene Wohnungen beherbergten einst neben Unternehmen der Textilindustrie Maschinenfabriken, Lagerräume und vieles andere mehr. Gerade Spinnereien, Webereien und Kattunfabriken entstanden nicht selten aus dem ehemaligen Manufakturwesen der Frühindustrialisierung, sei es in städtischem, sei es teils aber auch in eher dörflichem Umfeld. Für diesen höchst interessanten Ausschnitt der europäischen Industriegeschichte stehen auch einige Beispiele in diesem Buch (siehe etwa Seite 40–45 und 140–155).

Fabriketagen und ihr städtebauliches Umfeld

Beim Umgang mit Industriedenkmälern und Fabriken kommt es in erster Linie darauf an, inwieweit sich Kommunen und Investoren ihrer Verantwortung für das Erbe der Industriekultur bewusst

Vorbildliches Beispiel einer attraktiven Fassaden-gestaltung, die die ehe-malige Fabriknutzung nicht versteckt (Planung: Abels und Bahner, Mün-chen).

sind. Dazu gehört auch die Entscheidung darüber, wie das städtebauliche Umfeld für die erhaltenen Zeugnisse der Industriekultur bereitet wird, beispielsweise ob atmosphärisch reizvolle Industrie- und Arbeiterviertel durch vierspurige Schnellstraßen durchschnitten werden sollten. Ganz abgesehen von den ökologischen und stadtplanerischen Konsequenzen solcher Fehlentscheidungen gilt natürlich auch für die ansonsten sehr begehrten Lofts das Kriterium einer attraktiven Lage und eines angenehmen Wohnumfelds. Dieser Punkt ist übrigens auch in der hitzig geführten Diskussion über den Umbau der Wiener Gasometer als einer der (zahlreichen) Kritikpunkte ins Feld geführt worden.

Sensible Loft-Sanierung mit optimaler Planung

Auch die Suche nach den geeigneten Investoren und vor allem nach den besten Architekten gehört unbedingt mit zu jenen Entscheidungen, die private Investoren und Kommunen mit höchster Sensibilität behandeln sollten. Ansonsten ist der Abriss respektive die die Substanz zerstörende »Pseudo-Sanierung« wertvoller Industriedenkmäler abzusehen und selbst für besonders wertvolle, unter Denkmalschutz stehende Gebäude in vielen Fällen nicht zu verhindern. Auch die Beliebigkeit möglicher Nutzungen – etwa durch Baumärkte und anderes – ist dem kulturellen Wert der Industriedenkmäler keinesfalls angemessen. Natürlich ist

es auf der anderen Seite aber klar, dass die Sanierung und der Umbau oft sehr großer Gewerbebauten beträchtliche Kosten verursachen und folglich auf eine wirtschaftlich tragfähige Basis gestellt werden müssen. Gerade bei größeren Objekten geschieht dies in der Regel in Form einer Mischnutzung von Gewerbe, sprich Restaurants, Ladenräume oder Büros, und Wohnen. Teils kommen auch öffentliche Nutzungsformen wie Museen, Bibliotheken oder Theater hinzu.

Vorbildliche Beispiele für Umnutzungen alter Zweckarchitektur zu Museen sind die »Tate Modern«, eine in einem ehemaligen Londoner Kraftwerk untergebrachte Erweiterung der Tate Gallery von Michael Wilford & Partners, sowie die im schweizerischen Fribourg sanierte Ausstellungshalle von Niki de Saint-Phalle, die sich in einem ausgedienten Straßenbahndepot befindet (Planung: Michel Waeber).

Der Fall, dass eine Kirche in einer ehemaligen Textilfabrik eingebaut wird, darf demgegenüber wohl als höchst bemerkenswerter Einzelfall gelten (siehe dazu Seite 130–131).

Informationsmöglichkeiten
zur Loft-Sanierung

Die zahlreichen Beispielprojekte dieses Buches geben eine immense Bandbreite der architektonischen, gestalterischen und innenarchitektonischen
Möglichkeiten aktueller Lofts wieder
und halten Anregungen für praktisch
jede Sanierungssituation parat. Ferner
haben die Bau- und Denkmalbehör-
den oft guten Rat für sanierte und unsanierte Gewerbebauten parat, bei
denen man sich manche stilistische und
gestalterische Anregung holen kann.
Hier weiß man gleichzeitig am besten
Bescheid über kommunal oder regional ausgerichtete Führer zum Thema
Industriearchitektur, wie sie mittlerweile für eine Reihe von Städten und
Gebieten des deutschsprachigen
Raums erschienen sind. Wer sich darüber hinaus noch weitergehend über
Geschichte, Hintergründe und denkmal-
gerechte Renovierung von Industriedenkmälern kundig machen will, sollte
auf die Publikationen der Denkmal-
ämter und Denkmalstiftungen zurück-
greifen; Anlaufadressen und vorhandene Veröffentlichungen werden aus-

zugsweise im Anhang dieses Buchs
aufgeführt (siehe Seite 156/157).

Die Baugenehmigung

Bauliche Veränderungs- und Sanierungsmaßnahmen sind bei ehemaligen
Gewerbebauten in der Regel genehmi-
gungspflichtig. Der Bauantrag umfasst
neben einem genauen Beschrieb der
Maßnahmen (Baubeschreibung) vor
allem vollständige Eingabepläne. Die
Genehmigung der beantragten Maßnahmen hängt unter anderem von
der Qualität der Planungen und dem

denkmalpflegerischen Status des Gebäudes ab. Steht das Objekt nicht
unter Denkmalschutz, was vor allem oft
bei nach dem Zweiten Weltkrieg entstandenen Gebäuden der Fall ist, sind
recht große Gestaltungsspielräume
möglich. Bei unter Denkmalschutz stehenden Anwesen werden in der Regel
strengere Maßstäbe angesetzt, allerdings ist es meist durchaus möglich,
im Gespräch und bei Terminen vor Ort
Lösungen zu finden, die am Ende dem
Sanierungsobjekt gestalterisch gut
tun.

Denkmalschutz. Dies gilt insbesondere dann, wenn es sich um überregional bedeutsame Zeugnisse der Industriegeschichte und um herausragende Architektur handelt. Die Frage, ob das für das eigene oder zum Erwerb vorgesehene Objekt zutrifft, können die örtlich zuständigen Bau- und Denkmalschutzstellen beantworten. Das Schlagwort »Denkmalschutz« lässt informierte Investoren grundsätzlich keineswegs zurückschrecken, denn im deutschen Fall kann bei denkmalgerechter Sanierung sogar auf lukrative Steuervergünstigungen zurückgegriffen werden. Nach augenblicklichem Stand 2001 – eine Änderung ist auf absehbare Zeit nicht zu erwarten – können bei Denkmalsanierungen wie auch bei Sanierungen in Städtebauförderungsgebieten die Gesamtkosten über einen Zeitraum von 10 Jahren zu 100 Prozent von der Steuer abgeschrieben werden. Hieraus erklärt sich auch die Tatsache, dass viele Eigentümer und Investoren sogar stark daran interessiert sind, ihr Objekt in die Denkmalliste aufnehmen zu lassen, was in bestimmten Fällen durchaus möglich ist.

Zudem stellt der Denkmalschutz als solcher keineswegs eine Hürde oder gar Sperre für kreative Umbaumaßnahmen dar; selbst weitgehende optische Veränderungen etwa durch Dachaufstockungen mit großen, verglasten Baukörpern werden in der Regel ohne Schwierigkeiten genehmigt. Bestandteil der Baugenehmigungsprüfung ist auch die Frage, ob die feuerpolizeilichen Bestimmungen und die Hausstatik eingehalten wurden. Gerade in der Frage der statischen Tragfähigkeit (etwa von alten Holztragwerken) können sich bei ehemaligen Gewerbebauten Meinungsverschiedenheiten ergeben, deren Ausräumung durchaus eine gewisse Überzeugungsarbeit erfordert.

Ist ein Antrag auf Zuschussgewährung gestellt, muss vor dem Baubeginn unbedingt die Bewilligungszusage abgewartet werden.

Finanzielle Vorteile bei denkmalgeschützten Objekten

Gewerbebauten, die vom 18. bis zum Anfang des 20. Jahrhunderts erbaut wurden, stehen in vielen Fällen unter

Bewohner solcher Traum-Lofts wie hier in Wien haben meist einen guten Architekten beauftragt ...
(siehe auch S. 124–129)

Ergänzend werden von den Stellen des Denkmalschutzes meist auch nicht rückzahlbare Zuschüsse zu den Sanierungskosten gewährt. Zusätzlich gibt es eine Reihe von regional und überregional tätigen Stiftungen, die gelungene Sanierungsvorhaben nach Abschluss mit finanziellen Prämien würdigen. Auch hierüber können meist die Mitarbeiter der Denkmalstellen Auskunft geben. Die Adressen weiterer Informationsstellen finden sich im Adressverzeichnis (Seite 157).

Den Freiraum mit Konzept gestalten: Umbauplanung und Ausführung

Nicht ohne meinen Architekten!
Wenn eine Loft-Sanierung ohne kompetenten Planer durchgeführt wird, sind in der Regel keine vernünftigen Ergebnisse zu erzielen. Wie bereits im Zusammenhang mit dem Erwerb und der ersten Kostenermittlung betont, ist der Verzicht auf einen sanierungserfahrenen Architekten gerade bei solch durchaus nicht unkomplizierten Bauwerken der Industriekultur ein zu großes Wagnis.

Lobenswerte Ausnahmen, bei denen ein Eigentümer ein Fabrikgebäude beträchtlicher Größe in Eigenregie vorbildlich saniert und sehr spannend gestaltet hat (siehe dazu das Projekt auf Seite 86–89), erfordern ein sehr großes Maß an Gespür und fachlichen Kenntnissen.

Wie ist aber nun der richtige Architekt für die Planung des Traum-Loft-Projekts zu finden? Im Allgemeinen werden Baubehörden und Stellen des Denkmalschutzes zwar keine direkten Empfehlungen aussprechen, haben aber in der Regel gelungene Referenzprojekte aus der Vergangenheit parat. Anhand solcher Aufstellungen und der Besichtigung der durchgeführten Projekte fällt es leichter, einen fähigen und dem persönlichen Stil entsprechenden Architekten auszusuchen. Bei der Wahl zwischen einem sanierungserfahrenen und einem auf den Neubau von Industriearchitektur spezialisierten Architekten sollte im Regelfall der Sanierungsfachmann den Vorzug erhalten.

Die Überprüfung der Bausubstanz und einzuleitende Sanierungsmaßnahmen

Schon beim Thema Erwerb wurde darauf hingewiesen, dass die frühestmögliche Untersuchung der Bausubstanz und die Auffindung gegebenenfalls vorhandener Schäden entscheidende Voraussetzungen für eine finanziell kalkulierbare, aber auch eine bautechnisch und gestalterisch erfolgreiche Sanierung darstellen. Der beauftragte Architekt sollte eine eingehende Bauschadensuntersuchung vornehmen, die auch probeweise substanzzerstörende Untersuchungen erfordern kann – etwa, wenn verkleidete Stahlstützen und -träger auf Korrosionsschäden hin untersucht werden müssen. Der bauliche Zustand des Tragwerks ist bei Gewerbebauten eines der wichtigsten Kriterien überhaupt. Bei Industriebauten des 19. und beginnenden 20. Jahrhunderts handelt es sich in der Regel um Tragkonstruktionen aus Stahl, später dann überwiegend Stahlbeton. Weniger problematisch stellt sich die Lage bei kleineren, in massiver Ziegelbauweise errichteten Gebäuden dar. Hier kann allerdings unter Umständen feuch-

tes Mauerwerk vorliegen; dieses Problem kann meist durch vertikale, auf die Grundmauern aufgebrachte Absperrbahnen, in schwereren Fällen auch durch vertikale Sperren gegen aufsteigende Feuchtigkeit und durch intensives Heizen behoben werden. Teilweise wurden aber auch sehr große und hohe Gebäude mit einem reinen Holztragwerk versehen (siehe etwa die beiden Beispiele auf Seite 118–123 und 140–147). Dieses muss dann zusammen mit den anderen Bauteilen aus Holz, etwa der Dachkonstruktion, auf Schädigung durch Feuchtigkeit, Hausschwamm und Holzschädlinge hin untersucht werden sollte, damit die Tragfähigkeit gesichert ist. Je nach dem Ausgang der Beurteilung kann die Holzkonstruktion belassen, teilweise ergänzt und angestückt oder im Ganzen ersetzt werden. Holzschädlinge können durch Heißluftbehandlung unschädlich gemacht werden.

Der Charme der Industriekultur: Wertvolle Bauteile sichern und erhalten

Wenngleich Industriebauten kaum im engeren Sinn kunstgeschichtliche Schätze wie etwa wertvolle Wandmalereien und Schreinerarbeiten aufweisen, so haben sie doch einen ganz eigenen, rauen Charme. Dieser erwächst aus der Summe erhaltenswerter Details wie unverputzte Wände, offen geführte Installationsbahnen, alte Industrie-Lichtschalter, im Gebäude verbliebene Regelarmaturen und pure Stahltüren. In jedem Einzelfall muss entschieden werden, inwieweit sich diese industriegeschichtlich aufschlussreichen und höchst stimmungsvollen Loft-Details erhalten und in die Umbauplanung integrieren lassen. Solch wünschenswerter Purismus ist nicht jedermanns Sache, wird aber andererseits gerade von Loft-Käufern oft sehr geschätzt. Durch eine zu weit gehende Entfernung oder Verdeckung solcher industrieller Elemente besteht die Gefahr, dass die Atmosphäre der Innenräume zu glatt gerät, beliebig wird und ihre spezifische raue Ausstrahlung verloren geht. Gerade hier können Bauherr und Architekt ihr Gespür für industrielle Architektur unter Beweis stellen: Hohe Decken und Stahlstützen sollten etwa nach Möglichkeit nicht unter Gipskartonplatten versteckt, sondern vorgezeigt – wo nötig, freigelegt – und behutsam restauriert werden.

Loft-Sanierung und Umnutzung mit Konzept

Vor Beginn der eigentlichen Sanierungsplanung stehen neben der Ermittlung der Bauschäden und des daraus folgenden Sanierungsbedarfs also auch eingehende Überlegungen zum angestrebten Gestaltungscharakter und zur Erhaltung reizvoller Altbausubstanz. Um nun eine konkrete Sanierungsplanung erstellen zu können, bedarf es zusätzlich der Entscheidung über die zukünftigen Nutzungsformen. In der Regel werden mehrere Nutzungs- und Planungsvarianten erstellt, die dann als Grundlage für die Aufstellung des Finanzierungskonzepts dienen. Im so genannten Sanierungskonzept fließen alle bis zu diesem Zeitpunkt angestellten Überlegungen zusammen; darin wird der Ablauf der Sanierung bezogen auf den zeitlichen Rahmen, die verschiedenen Gebäudeteile und die zu leistenden Arbeiten in möglichst detaillierter Form schriftlich festgehalten.

15

Ein besonderer Vorzug des Loft-Lebens: Schlaf-, Wohn- und Arbeitsgalerien mit weitem Ausblick.

Hier wie ganz allgemein in der Sanierung ist eine enge Abstimmung mit allen Beteiligten, etwa Behörden und Zuschussgebern, anzuraten. Das Sanierungskonzept vereint bauliche und denkmalpflegerische Aspekte mit wirtschaftlichen und nutzungsbezogenen Aspekten. Der Hauptzweck des Sanierungskonzepts besteht darin, eine weitgehend verlässliche Grundlage für die weitere Planung und den weiteren Bauablauf in Händen zu haben. Veränderungen an diesem Konzept sind möglich, bleiben aber bei gründlicher Erstellung die Ausnahme.

Vom Entwurf zur Baugenehmigung

Mit dem ersten Plan des Architekten, dem Entwurf, steht eine erste zeichnerische Zusammenfassung aller bis zu diesem Zeitpunkt erstellter Konzepte und Planungen, namentlich der vorhandenen Vorentwürfe, zur Verfügung. Meist wird der Entwurf im Maßstab 1:100 gezeichnet. Nach aller Regel stehen für Industriedenkmäler noch brauchbare und weitgehend zuverlässige Plangrundlagen zur Verfügung, sodass das Gebäude nur in den seltens-

ten Fällen ganz neu vermessen werden muss. Damit der Entwurf vom Bauherrn und gegebenenfalls anderen beteiligten Stellen und Behörden zuverlässig beurteilt werden kann, muss er Grundrisse aller Gebäudeteile und Stockwerke sowie Schnitte und Ansichten umfassen.

Auf der Grundlage des Sanierungskonzepts und des Entwurfs kann nun eine Kostenschätzung erstellt werden, in der auch die vorgesehenen Sanierungs- und Umbaukosten sowie Sicherheitsbeträge enthalten sein müssen. Die vorgesehenen Maßnahmen werden bezogen auf die einzelnen Bauteile oder Flächen nach Mengen und Preisen aufgelistet. Teils wird eine noch detailliertere Kostenberechnung erstellt.

Der so genannte Finanzierungsplan fasst nun alle vorhandenen Mittel, im Einzelnen das verfügbare Eigenkapital, eventuelle staatliche Bauprämien, Baukredite, gewährte Sanierungszuschüsse und steuerliche Vergünstigungen (insbesondere bei denkmalgeschützten Gebäuden) zusammen.

Vom Plan zur Praxis

In der Werkplanung, die meist im Maßstab 1:50 gezeichnet wird, werden auf der Grundlage des Bestandsplans alle zur Veränderung vorgesehenen Bauteile eingezeichnet und genau bemaßt. Die durchzuführenden Maßnahmen und alle Maße müssen eindeutig zu erkennen sein und sollten von den ausführenden Handwerkern ohne allzu große Nachfragen umgesetzt werden können. Für wichtige Bauteile sollten Detailzeichnungen in größeren Maßstäben (1:50 bis 1:1) angefertigt werden. Dies gilt etwa für neu herzustellende Fenster, Türen, Beschläge, Treppen, Galerien und allgemein schwierige konstruktive Verbindungen wie etwa beim Anschuhen von Holzbalken oder -sparren. Gute Architekten werden den Mehraufwand für Detailzeichnungen nicht scheuen, zumal dadurch zumindest ein Großteil der sonst unweigerlich auftretenden Missverständnisse, daraus resultierenden Ausführungsfehler und auch der damit einhergehenden Zeitverzögerungen und finanziellen Mehraufwendungen vermieden wird.

Eine neue Treppe und Galerien im Loft nutzen die Raumhöhen optimal aus. So sachlich gestaltet wie hier behalten die Räume ihre Qualität.

Bei der Erstellung der Werkplanung sind auch die beteiligten Fachingenieure einzubeziehen.

Ausschreibung und Auftragsvergabe

Da es sich bei der Sanierung von Fabrikgebäuden in der Regel um große Sanierungsvorhaben handelt, werden meist nahezu alle wichtigen Arbeiten nach handwerklichen Gewerken und aufgeschlüsselt nach Positionen ausgeschrieben. Wichtig zu wissen ist, dass im deutschen Fall bei Inanspruchnahme von Städtebauförderungsmitteln die Anwendung der VOB (Verdingungsordnung für Bauleistungen) sogar zwingend erforderlich werden kann. Die von den Handwerksfirmen abgegebenen Angebote müssen durch den beauftragten Architekten genau geprüft werden. Allerdings sollte gerade in der Sanierung neben dem Kostenargument auch die fachliche Kompetenz des betreffenden Betriebes ein wichtiges Auswahlkriterium sein, denn einige tausend Euro Preisvorteil im Angebot können sich bei mangelhafter Ausführung der Arbeiten sehr schnell in ihr Gegenteil verkehren. Betriebe, die jah-

relange Erfahrung in der Sanierung gesammelt und ihre Sensibilität für alte Bausubstanz unter Beweis gestellt haben, sollten nach Möglichkeit stets bevorzugt werden. Sanierungserfahrene Planer kennen im Allgemeinen aus früherer Zusammenarbeit eine Reihe von Betrieben, die die geforderte Fachkenntnis und Sorgfalt mitbringen.

Wohnen und Arbeiten in kreativem Ambiente: Luftige Innenarchitektur und Einrichtung für den Loft

Die meist beträchtlichen Abmessungen der Räumlichkeiten und die weit überdurchschnittlichen Raumhöhen vieler Fabriketagen bieten ihren Eigentümern und Mietern eine Menge an kreativem Spielraum. Massive Trennwände und

andere Sichtbarrieren sind meist nur punktuell vorhanden. Wurde der Loft von Privat erworben oder vom Eigentümer beziehungsweise Bauträger nur grundsaniert übernommen, bestehen für die Innenarchitektur besonders weitgehende Möglichkeiten zur individuellen Raumgestaltung.

Höhenerlebnis im Loft: Neue Galerien und Treppen planen

Viele Lofts, keineswegs nur solche unter dem Dach, bieten aufgrund ihrer großen Raumhöhen die Chance, eine zweite Wohnebene einzuziehen. Wer gerne in luftiger Höhe schläft oder arbeitet, richtet sich dort oben ein Ruheabteil oder seinen optimalen Arbeitsplatz ein. Unter dem Dach besteht der Vorteil

In den meisten Lofts steht genügend Platz zur Verfügung, um Nebenräume, etwa für Bäder und Toilette, abzutrennen. Oberlichter sorgen dennoch für eine ausreichende Belichtung.

darin, dass die vorhandenen, meist sehr mächtigen Balken als Auflager für die Galerie genutzt werden können, während ansonsten umfangreichere Konstruktionen nötig werden. Der Raumeindruck leidet unter diesen Einbauten bei guter Architektur keineswegs, sondern kann dadurch sogar noch an Spannung gewinnen.

Zur zweiten Wohnebene in der Fabriketage gehört selbstverständlich auch eine Treppe, die auf mannigfache Weise designorientiert gestaltet werden kann. Am besten passen Bauteile und Materialien, die die rohe Art des ehemaligen Gewerbebaus aufnehmen. Dies gilt insbesondere für Treppen aus Stahl oder in kombinierter Stahl-Holz-Bauweise. Holme, Wangen, Trittstufen, Galerie- und Treppengeländer und die neue Galerie selbst sollten in Gestaltung und Material einheitlich sein. Grundsätzlich ist dazu zu raten, sich bei Loft-Treppen im Zweifel für das rauere, industrieller anmutende Material zu entscheiden. Bauteile aus poliertem Marmor, der gerne für Trittstufen verwendet wird, oder aus Glas (etwa bei Geländerfüllungen) sind dem Loft-Cha

rakter nicht ganz angemessen. Polierter Edelstahl wirkt als Material für Stufen, Geländer und Handläufe vielleicht ebenfalls etwas zu edel, während gebürstete Oberflächen durchaus angemessen sind und zudem Gebrauchsspuren weniger deutlich in Erscheinung treten lassen. Liebhaber des extremen Purismus entscheiden sich sogar für nicht rostfreien Stahl, der mit der Zeit Patina ansetzt.

Der dem Loft eigene, sehr wünschenswerte Eindruck von Durchgängigkeit wird am besten durch den Einsatz von Konstruktionen erhalten, die den Blick möglichst wenig behindern. Aus diesem Grund kommen oft Treppen zum Einbau, deren Stufen und Wangen aus optisch sehr leichten und dünnen Stahl

platten bestehen. In den meisten Fällen wird auf Setzstufen verzichtet; eine Ausnahme bilden diejenigen Fälle, in denen Treppen in skulpturaler Weise als Raumkörper eingesetzt werden. Durchgängigkeit entsteht ferner durch die unaufdringliche Ausführung von Geländerfüllungen, die etwa durch filigrane Stahlstäbe oder Edelstahlseile bewerkstelligt werden kann.

Viele Beispiele dieses Bands machen Lust auf das Höhenerlebnis im Loft (siehe dazu unter anderem Seite 22–27, 40–45, 64–71, 90–93 und 140–147). Wer sich eingehender über die Planung und Gestaltung von Treppen informieren möchte, kann dazu das zum Thema erschienene Buch des Autors heranziehen (siehe Seite 156).

Nicht in jeden Loft passt
ein ausgedienter Zirkus-
Wohnwagen, aber ein
bisschen gewagter als
im Reihenhaus darf die
Gestaltung der Innen-
räume schon ausfallen ...

Sanfte Grenzen schaffen
ohne starre Barrieren

Nicht nur erhöhte Aussichts-, Schlaf-
und Arbeitsstellen, sondern auch kreativ gestaltete Einbauten gehören zum
Repertoire eines gelungenen Design-
Lofts. So wünschenswert weite, offene
Räume sind, so notwendig bleiben doch
meist separate Zimmer – sei es für Bäder, Schlafzimmer oder auch Kinderzimmer. Je nach Vorliebe können selbstverständlich auch kleine Gästezimmer
oder Lagerräume abgetrennt werden.
Wichtig ist bei all diesen Nutzungs-
wünschen, nicht den offenen, barriere-
losen Grundcharakter des Lofts aus
den Augen zu verlieren. Ein wichtiger
planerischer Kunstgriff bei der Innenarchitektur im Loft ist es, trennende

Elemente so zu gestalten, dass sie die
ursprüngliche Weite und Durchgängigkeit noch nachvollziehen lassen. Dies
kann sehr gut durch paravent-ähnliche,
transluzente Wände aus satiniertem
Glas bewerkstelligt werden. Der Fantasie sind dabei keine Grenzen gesetzt –
sogar in höchstem Maß puristische
Raumteiler und Raumabtrennungen
aus alten Frühbeetfenstern sind möglich (siehe dazu das Projekt auf Seite
98–105).

Sind die Abtrennungen als Schiebetüren ausgebildet, bleibt die Raumwirkung des Lofts bei geöffneten Türen
weitgehend erhalten. Dessen ungeach-
tet ist es natürlich in nahezu jedem
Loft möglich, kleinere Zimmer durch
mit Gipsplatten verschalte Leichtbau-

wände zu schaffen – etwa als Lager-
möglichkeit für Dinge, die eben gerade
nicht präsentiert, sondern ein wenig
versteckt werden sollen. Dazu bietet
sich in der Regel die weniger gut belich-
tete (Nord-)Seite des Lofts an, damit
durch die Einbauten die Belichtung des
Innenraums nicht beeinträchtigt wird.

Loftige Geradlinigkeit in Küche
und Bad

Gerade die Technik, die Fronten und die
Armaturen von Küche und Bad bieten
die Möglichkeit, durch möglichst einfache Formen und Oberflächen Bezug
auf den Charakter des ehemaligen Gewerbebaus zu nehmen.

19

In der Küche wirken Bauteile am besten, die individuell in Form von Modulen auf den Grundriss des Lofts abgestimmt sind. Die Durchgängigkeit des Raumeindrucks kommt am besten zum Ausdruck, wenn man sich für sockellose, auf Füßen aus Stahl oder Holz stehende Küchenmöbel entscheidet. Oft werden Spüle, Backofen und Kochplatten frei stehend im Raum postiert. Industriell anmutende Rohre und Dunstabzugshauben beeinträchtigen das Ambiente übrigens keineswegs, sondern unterstreichen den Loft-Charakter noch zusätzlich. Geradliniges Essplatz-Mobiliar, ob modernes Design oder antiker Klassiker, korrespondiert optimal mit der Loft-Küche.

Rau statt gelackt: Die richtige Gestaltung und Einrichtung für den Loft

Loft-Bewohnern steht eine ungeahnte Bandbreite an kreativen Gestaltungsmöglichkeiten für ihre Traumetage zur Verfügung. Dies liegt zunächst schon einmal an der schieren Größe und Höhe der Räume, die den Loft zum Ort machen, wo nicht ausgelebte Wohnträume endlich einmal verwirklicht wer-

den können. Wohl nirgendwo sonst können mehr raumgestalterische Varianten verwirklicht und mehr Ideen zu einer fruchtbaren Symbiose kombiniert werden als im Loft, der zudem die gesamte Einrichtung durch seine meist hervorragende Helligkeit ins beste Licht setzt.

Mehr Platz für die Kunst

Die großen Wandflächen eines Lofts bieten sich zum Aufhängen für Kunstwerke geradezu an. Optimal sind die Verhältnisse dann, wenn Licht-Sheds oder Dachbelichtungen für von oben herabscheinendes natürliches Licht sorgen. Wenn der entsprechende finanzielle Background vorhanden ist, können dort erworbene Kunstschätze plat-

ziert werden. Aber auch und gerade, wenn man selbst gerne malt und gestaltet, bieten sich die Wände eines Lofts in perfekter Weise als Hinter- oder Untergrund für das eigene Schaffen an. Direkt aufgebrachte Wandmalereien und Graffitis unterstreichen den Loft-Charakter und bringen Farbe in die Räume. Demgegenüber sind beliebte Kunstdrucke wie etwa von Andy Warhol (Campbell's-Dose, Marilyn etc.) oder Roy Lichtenstein vielleicht eher ein Einstieg in die Welt der Loft-Kunst, bis etwas Echteres und Individuelleres gefunden ist.

Einrichtung nach Loft-Art

Klassisches Möbeldesign, seien es nun Stücke von Thonet, Marcel Breuer, Mies

Witziges Zusammenspiel: Antike Liege mit Lederbezug und Schaffell zu ihren Füßen, Pop-Artiges Stehlampen-Design aus den Sixties und Kaktus. Ungewöhnliche Einrichtungs-Kombinationen wie diese bringen Spannung in den Loft.

van der Rohe, Le Corbusier oder Alvar Aalto, stehen jedem Loft als Grundausstattung bestens zu Gesicht. Zeitgenössisches Design von Philippe Starck, Ron Arad oder Jasper Morrison kann diesen Grundstock ergänzen und erweitern. Befreundete oder bekannte Designer, Kunsthandwerker und Möbelschreiner sind jedoch vielleicht noch wichtigere Ansprechpartner bei der adäquaten Möblierung der Loft-Räumlichkeiten.

Nicht zuletzt können Funde beim Antiquitätenhändler oder beim Trödler um die Ecke die erwünschte Patina einbringen, die einem neu gekauftem Stück zwangsläufig abgeht, im Loft aber nun einmal zum guten Ton gehört. Das hat gleichzeitig auch den nicht unbeträchtlichen Vorteil, dass Antikes mit Verschleißspuren meist deutlich günstiger zu haben ist als sorgsam und teuer restaurierte Stücke. Aber auch der Sperrmüll ist (in den richtigen Sammel-Gegenden) eine wahre Fundgrube für Dinge, die viele nicht mehr interessieren, die aber gerade im Loft eine sagenhafte Ausstrahlung entwickeln. Ob abgeschabter, aber funktionstüchtiger Drehstuhl aus Bugholz für den Arbeitsplatz, Kunststoff-Schalenhocker von Artemide aus den 1960er Jahren für die Bücherecke oder einfach schöne, zur Zweckentfremdung geeignete Allerweltsstücke – all dies kann im Loft wahre Wunder wirken.

Wem all dies nicht genügt, der kann sich für besonders individuelle Lösungen entscheiden: gemauerte oder aus Gips gestaltete Wohn- und Raumkunstwerke! Gemauerte Küchenzeilen, wie im mediterranen Raum schon lange traditioneller Brauch, gemauerte Sofas – etwa in Form eines U oder einer einfachen Liege – und sogar Betten und Wandabteilungen aus Gips passen perfekt in den Loft. Solche Sonderwünsche sollten schon im Hinblick auf die Statik vorab mit einem Architekten besprochen werden, können aber von begabten Maurern und kreativen Stuckateuren problemlos ausgeführt werden.

Rechts: Unter dem nach
historischem Vorbild
ergänzten Spitzdach des
Silogebäudes befindet
sich ein lichtdurchfluteter
Loft. Rechts im Bild der
Glaskubus des Speicher-
gebäudes.

Unten: Fassadenaus-
schnitt des Speicherge-
bäudes mit angehängten
Stahlbalkonen und auf-
gesetztem Glaskubus.

Ein Lagerhaus
in Backstein und Glas

Standort:	
	Hamburg
Architekt:	
	Jan Störmer Architekten, Hamburg
	Projektmitarbeiter:
	Constanze Biesterfeldt,
	Boris Krusenotto
Projektentwicklung/Generalübernehmer:	
	Garbe Bautechnik GmbH, Hamburg
Erbauungsjahre Altbauten:	
	Speichergebäude 1890,
	Silogebäude 1900
Umbauzeitraum:	
	2000–2001
Wohnfläche Lofts im Speichergebäude:	
	Bis 150 m²
Wohn-/Nutzfläche Spitzdach-Loft:	
	Ca. 400 m²
Rauminhalt (BRI) gesamt:	
	Ca. 67.000 m³
Raumhöhen:	
	Bis 12 m (Gewerbe-Loft unter Spitzdach)
Umbaukosten je m²:	
	Ca. € 1.970,–

Hamburg kann bekanntermaßen eine stolze Anzahl vorbildlicher Sanierungs- und Umbaumaßnahmen alter Industriebauten vorzeigen, die in den letzten Jahrzehnten durchgeführt wurden. Die Speicherstadt an der Elbe ist hier nur eines unter vielen, wenn auch das vielleicht bekannteste Beispiel, das mittlerweile sogar als Anziehungspunkt für den Fremdenverkehr wirkt und die Rückkehr der Bewohner in die Innenstadt nicht unwesentlich mit gefördert hat. Klassisch sind auch die zahlreichen, vor allem in den 1980er Jahren durchgeführten Sanierungen, die nicht selten aus Selbsthilfeprojekten entstanden und dem Ziel gemeinschaftlichen Wohnens und Arbeitens verpflichtet waren.

In den meisten Fällen gelang der Spagat zwischen behutsamer, altbaugerechter Sanierung und den ökonomischen Notwendigkeiten adäquater Nutzungen – insbesondere dann, wenn es sich um denkmalgeschützte Objekte handelte und die Denkmalschutzbehörden entsprechend einbezogen wurden.

Wer geglaubt hätte, dass angesichts der vielen Beispiele sanierter Hamburger Gewerbebauten bereits alle architektonischen Möglichkeiten ausgeschöpft seien, sah sich durch das Projekt des renommierten Hamburger Architekturbüros Jan Störmer Architekten eines Besseren belehrt. Das unmittelbar an der Elbe und am Fischmarkt reizvoll

23

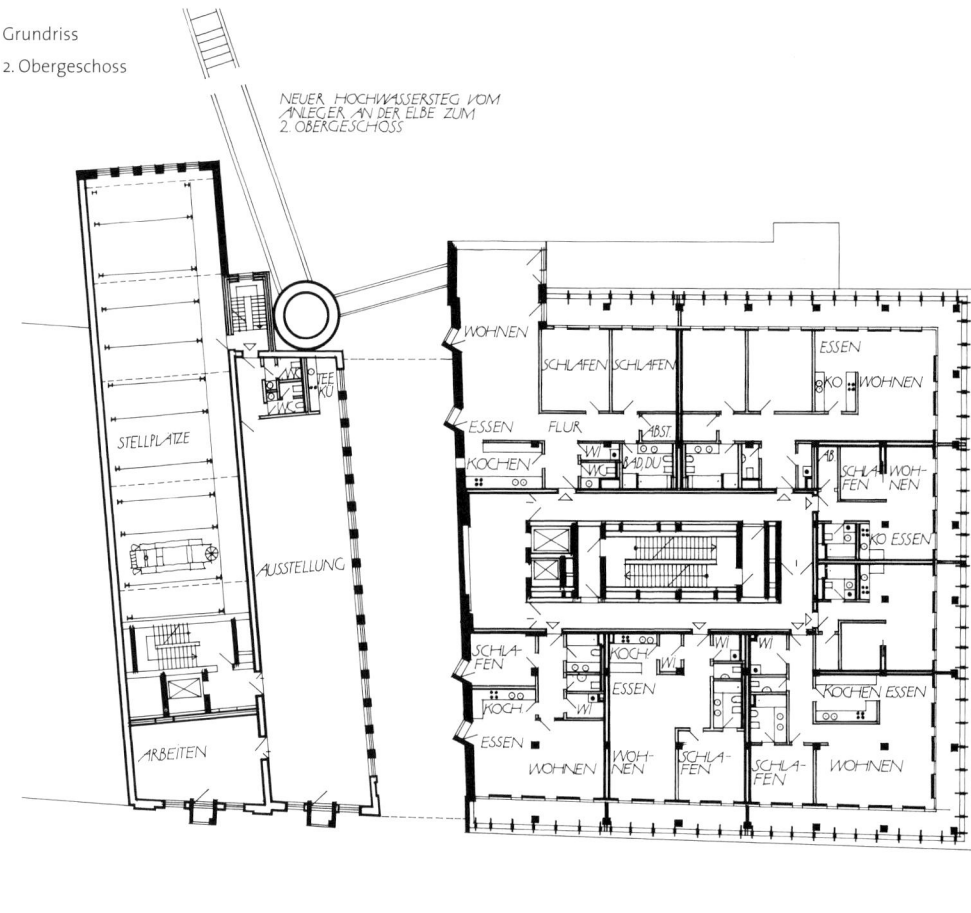

Grundriss
2. Obergeschoss

NEUER HOCHWASSERSTEG VOM ANLEGER AN DER ELBE ZUM 2. OBERGESCHOSS

STELLPLÄTZE

AUSSTELLUNG

ARBEITEN

WOHNEN ESSEN SCHLAFEN SCHLAFEN KO WOHNEN ESSEN FLUR ABST WI VCE BAD,DU AB SCHLA-FEN WOH-NEN KO ESSEN SCHLA-FEN KOCH WI WI ESSEN KOCHEN ESSEN KOCH WI ESSEN WOHNEN WOH-NEN SCHLA-FEN SCHLA-FEN WOHNEN

TEE KÜ WC

KOCHEN

0 1 2 3 4 5   10   20 M

situierte, frühere Stadtlagerhaus präsentiert sich nach der Beendigung von Sanierung und Umbau 2001 als wunderbare Einheit traditioneller und konsequent moderner Architektur. Die beiden denkmalgeschützten Speicherbeziehungsweise Silogebäude an der Großen Elbstraße sind dadurch noch deutlicher als städtebaulich dominante Baukörper erfahrbar geworden.

Das Speichergebäude erhielt eine Aufstockung mit vier neuen Wohngeschossen. Mit dem perfekt verwirklichten Konzept eines auf den bestehenden Backsteinbau aufgesetzten, transparenten Glaskubus erfährt die Sanierung und Umnutzung von Industriedenkmälern tatsächlich einen ganz neuen Impuls. Der neue Glasaufbau ist auf der Nord-, Ost- und Südseite mit einer 1,60 m tiefen, umlaufenden Doppelfassade als Klima- und Akustikpuffer ausgeführt. Die bestehenden und bewahrten Geschosse darunter, in denen sich Ateliers (und im Erdgeschoss ein Restaurant) befinden, wurden in ihrer typischen Backsteinästhetik erhalten; vorgesetzte Stahlbalkone tun der Gesamtwirkung des Bauwerks keinen

Abbruch, sondern strukturieren die historische Fassadeneinteilung zusätzlich. In der Gestaltung lehnen sie sich an die traditionelle Form der so genannten Ladebalkone an. Im blauen Glas der Balkonbrüstungen spiegelt sich die Elbe.

Das ehemalige Silogebäude wurde in historischer Bauweise um ein Geschoss aufgestockt, erhielt gemäß den Auflagen des Denkmalschutzes ein in alten Archivalien zu findendes steiles Spitzdach und wurde mit einer voroxidierten Kupfereindeckung versehen; damit zitiert das Gebäude die traditionell vorherrschende Dachdeckung der Elbstadt. Direkt unter dem Giebel befindet sich ein superber Wohn- und Atelier-Loft mit traumhaftem Ausblick auf die Elbe und die Stadt. Der bis zu 12 m hohe Raum mit eingestellter Galerie wird durch den Wechsel von geschlossenen und verglasten Flächen gegliedert.

Die Erschließung des Gebäudekomplexes erfolgt über eine zentrale, zweigeschossige Eingangshalle zwischen Speicher- und Silogebäude. Die gläserne Halle verbindet nicht nur die beiden

Blick auf die Eingangshalle.

24

historischen Gebäude, sondern stellt durch ihre Transparenz auch einen reizvollen Blickbezug zur Elbe her. Ein auf der Nordseite vorgebautes gläsernes Foyer mit integriertem Aufzug erschließt die drei gewerblich genutzten Stockwerke.

Eine technische Besonderheit ist die, dass die Gebäude wegen der Hochwassergefahr im Erdgeschoss wasserdicht ausgeführt wurden und durch eine sich über die Große Elbstraße spannende Stahlbrücke an das sichere »Festland« angeschlossen sind.

Sicher verwurzelt im Erdboden, mit klarem Kopf in den Wolken der planerischen Fantasie – dies könnte auch das Gesamtmotto für dieses anspruchsvolle und anregende neue Prunkstück Hamburger Architektur sein. Vielleicht dauert es nicht lange, bis auch hier ein neuer Anziehungspunkt für Architekturtouristen entsteht ...

Die transparenten, fast rahmenlosen Raumabtrennungen aus Glas lassen den Räumen ihre Weite.

Nächtlicher Blick auf das ehemalige Speichergebäude und die Elbe.

Der sagenhafte Dach-Loft im früheren Silogebäude besitzt enorme Raumhöhen von bis zu 12 Metern.

Alt und Neu
in perfekter Harmonie

Das alte Innenleben des Gewerbebaus ist nach dem Umbau nachvollziehbar geblieben, die notwendigen Einbauten grenzen sich in Formensprache und Material klar vom Bestand ab.

Standort:	
	Hamburg
Architekt:	
	Paetzel Architekten, Hamburg
	Volker Paetzel
Bauherr:	
	Grundstücksgesellschaft Planckstraße
	b. R., Hamburg
Erbauungsjahr Altbau:	
	1912
Umbauzeitraum:	
	1996–1997
Nutzfläche Altbau:	
	Ca. 3.600 m²
Rauminhalt (BRI):	
	20.500 m³
Raumhöhen:	
	Bis 15 m
Umbaukosten je m²:	
	Ca. € 500,–

Der Hamburger Stadtteil Altona war in seiner Geschichte schon immer stark durch das Nebeneinander von Wohnen und Arbeiten geprägt. Diese Struktur hat sich aus dort ansässigen Industrie- und Gewerbebetrieben entwickelt, die selbst eine Wohnbebauung für die dort beschäftigten Arbeiter geschaffen haben. Kennzeichnend für die Architektur dieses Viertels sind die als geschlossene Blockrandbebauung ausgeführten, vier bis fünf Stockwerke hohen Backsteingebäude mit Ziegeldächern. Oft finden sich Durchfahrten zu den gewerblich genutzten Bereichen in den Blockinnenhöfen. In diesem Umfeld befindet sich auch die 1912 errichtete Maschinenfabrik Krause, wo bis ins Jahr 1993 noch Lederverarbeitungsmaschinen produziert wurden. Nach der Geschäftsaufgabe stellten sich die Umnutzung und damit der Umbau der Gebäude als einzige Möglichkeit dar, diese einer wirtschaftlich rentablen Verwendung zuzuführen. Ein wichtiger Schritt dazu war der, dass die ehemalige Fabrik von der Hamburger Denkmalschutzbehörde unter Denkmalschutz gestellt wurde.

Orientiert am Beispiel gelungener anderer Fabriksanierungen, so im Stadtteil Altona etwa dem Borselhof und den Zeisehallen, realisierten Paetzel Architekten in Zusammenarbeit mit der Hamburger Denkmalpflege eine Planung, die neben der Sanierung und dem Umbau des bestehenden Gewerbebaus auch eine ergänzende Neubebau-

ung mit 32 Wohnungen und erdgeschossigen Verkaufsflächen einschloss.

Das alte zweigeschossige, L-förmige Gebäude wurde in seiner Substanz erhalten oder in seinen ursprünglichen Zustand zurückversetzt und lediglich mit notwendigen Einbauten wie Galerien, Teeküchen und sanitären Anlagen versehen. Die notwendigen neuen Treppen sind aus industriell-rauem Stahlbeton beziehungsweise in Stahl-Holz-Konstruktion gefertigt. Außenmauern, Tragwerk und Fenster sind erhalten und saniert worden. Das Tragwerk des Neubaus durchstößt den Altbau. Die Fenster wurden vor Ort aufgearbeitet und innen mit einem zweiten Verglasungselement in den Proportionen der alten Fenster versehen. Die vor Beginn der Sanierung vorhandenen Dach-Sheds mussten erneuert werden, behielten aber ebenfalls ihre alten Proportionen. Die Wiederherstellung des Mittelgangs betont die Längsorientierung der Halle. Ursprünglich war die Hallenpassage als halböffentlicher Bereich mit angrenzenden Büros und Läden gedacht; mittlerweile wird der höchst eindrucksvolle und repräsentative Bau

als Ganzes von einer Internetagentur genutzt.

Den Altbau überspannt die architektonisch bewusst abgesetzte Stahl-Glas-Konstruktion des Neubaus, dessen Höhe sich an den Trauf- und Firsthöhen der umliegenden Gebäude orientiert. Die Durchfahrt zum Innenhof wird durch die Stellung der beiden Gebäude dramatisiert. Die historische Fassade aus rotem Klinker tritt in lebhaften Gegensatz zum Neubau, dessen Planarfassade sich durch die Widerspiegelung des Altbaus gleichsam selbst zurücknimmt und so perfekt in das historische Ensemble einfügt.

Oben: Das obere Geschoss mit den Agenturräumen, unten der neu gestaltete Eingangsbereich und eine spannungsvolle Innenansicht.

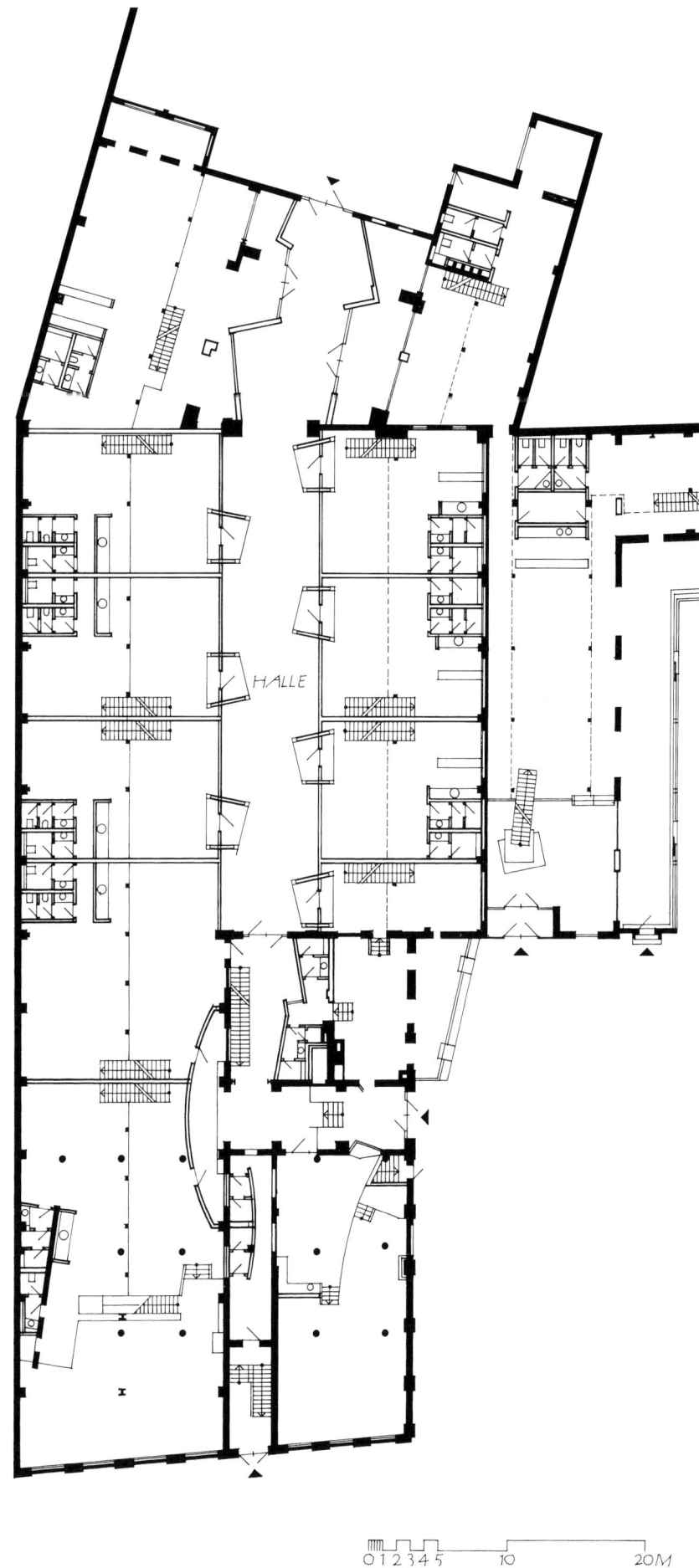

HALLE

Loft-Büros im alten Zeughaus

Standort:

Hamburg

Architekten:

HPP Hentrich-Petschnigg und Partner

KG, Hamburg

Bauherr und Vermittlung:

CALLISTON Gesellschaft für Projekt-

entwicklung mbH

Niederlassung Hamburg

Erbauungsjahr Altbau:

Um 1930

Umbauzeitraum:

2000–2001

Nutzfläche Altbau:

Ca. 16.000 m²

Rauminhalt (BRI):

Ca. 75.680 m³

Raumhöhen:

Bis ca. 7,30 m

Umbaukosten je m²:

Keine Angaben

Dieses Beispiel ist etwas anders geartet als die beiden anderen Hamburger Projekte in diesem Band, handelt es sich bei diesem Sanierungs- und Umnutzungsprojekt im Stadtteil Eppendorf doch um ein um 1930 entstandenes Lagergebäude der Post. Der 137 m lange, nach Osten gerichtete norddeutsche Klinkerbau besitzt zwei Geschosse plus ein zusätzliches Staffelgeschoss. Nach Osten schließen sich kopfartig vier weitere zweigeschossige Flügel an, zwischen denen sich drei Industriehallen mit gestaffelter Dachstruktur befinden.

In Abstimmung mit der Stadtplanung und dem Amt für Denkmalpflege erarbeitete das Büro Hentrich-Petschnigg und Partner ein Sanierungs- und Umnutzungskonzept, das mit dem Bestand behutsam verfahren sollte und nur die für die Umnutzung für Loft-Ateliers sowie als Call-Center notwendigen Maßnahmen vorsah. Der Charme des Industriebaus, so unter anderem die anspruchsvollen Stahlbinderkonstruktionen in den Hallen, sollte wo immer möglich erhalten werden. Nicht zuletzt konnte dadurch auch die positive ge-

stalterische Wechselwirkung zwischen dem Bestand und den neuen Ein- und Aufbauten optimal herausgearbeitet werden.

Die vorhandenen Fenster mussten aus energietechnischen Gründen ausgetauscht werden, jedoch wurde bei den neuen Exemplaren die alte Sprosseneinteilung übernommen. Bestehende Risse im Fassadenbereich und leichte Feuchtigkeitsschäden wurden behoben.

Die neu vorgenommenen Einbauten und Trennwände wurden als flexible Einheiten konzipiert, die sich je nach Nutzer verändern lassen. Die Loft-Büros können bei Bedarf mit Galerien ausgestattet werden, um die bestehenden Raumhöhen bestmöglich auszunutzen. In den Innenhöfen entstand ein neues grünes Umfeld, das von Gartenarchitekten gestaltet wurde.

Straßenansichten des
früheren Zeughauses
nach Abschluss der
Sanierung.

Die alten Hallen bieten
mit ihren imposanten
Stahlträgern und -stüt-
zen viel historisches
Ambiente und enorme
Raumhöhen.

Atelier- und Büro-Lofts
in der »Alten Seifenfabrik«

Standort:

Berlin

Architekt:

Bernward Grützner, Berlin

Bauherr und Vermittlung:

»Alte Seifenfabrik« – Berlin-Mitte
Objektgesellschaft mbH & Co.
real estate GmbH

Erbauungsjahr Altbau:

1900

Umbauzeitraum:

1999–2000

Nutzfläche Altbau mit aufgestocktem Geschoss:

Ca. 800 m²

Rauminhalt (BRI):

Ca. 5.393 m³

Raumhöhen:

Ca. 3 m

Umbaukosten je m²:

Ca. € 600,–

Im seit der Wende besonders munteren Teil der deutschen Hauptstadt, Berlin-Mitte, tummeln sich gerne junge Unternehmer und Kreative. Die ehemalige Seifenfabrik in der Torstraße bot hierfür die besten Voraussetzungen. Vor der neuen Nutzung stand allerdings noch die Aufgabe, die vorhandene Fläche zu erweitern, ohne dem ehrwürdigen Fabrikbau Gewalt anzutun. Der Architekt Bernward Grützner hat dieses Problem durch eine sehr gelungene Dachaufstockung kreativ gelöst; es lässt sich sogar behaupten, dass der neue Dachaufbau der wichtigste Teil der Anlage und ihr eigentlicher Blickfang ist, da er den Gegensatz Alt und Neu verdeutlicht und hervorragend nachvollziehen lässt. Er wirkt keineswegs wie ein aufgepfropfter Fremdkörper, sondern erhält seine Wirkung gerade durch seine höchst moderne, fast futuristisch zu nennende Formensprache. Die silbern glänzende Dachhaut aus verzinktem Stahl löst durchaus Assoziationen an die Kommandobrücke eines Raumschiffs oder anderer Sci-Fi-Elemente aus; in diesem Dachaufbau trifft auch die dort eingezogene Medienagentur Plenum

new media ihre wesentlichen planerischen Entscheidungen. Die Ergänzung dieses obersten Stockwerks stellte im Übrigen die ursprüngliche Gebäudehöhe wieder her, die sich durch Kriegszerstörungen um ein Geschoss verringert hatte.

Straßenansicht des Gebäudes mit futuristisch anmutendem neuen Dachgeschoss.

Hofansicht der »Alten Seifenfabrik« mit unverputzter Backsteinfassade und neuer Treppe.

Im Gegensatz zum neuen, aufgestockten vierten Geschoss präsentiert sich der alte Teil der 1900 erbauten Seifenfabrik auf der Straßenseite zwar komplett verputzt, jedoch wirkt der ziegelrote Anstrich als gelungene Reminiszenz an die traditionelle Backsteinfassade. Im gewollten Gegensatz zur Straßenfassade ist die Hoffassade unverputzt geblieben, das Klinkermauerwerk wurde vollständig sichtbar gehalten; dadurch entsteht eine schöne Wechselwirkung mit dem im Hinterhof hinzugebauten eingeschossigen Erweiterungsbau. Über eine Spindeltreppe aus verzinktem Stahl gelangt man von allen Ebenen des Hauptgebäudes in den grünen Innenhof – eine Oase der kreativen Entspannung in Berlin-Mitte.

Die Fassadengliederung und die Größe der Fensterausschnitte orientieren sich am Bestand. Die Fenster waren zu erneuern, wurden aber nach den alten Vorbildern als Holzsprossenfenster ausgeführt.

Innenansichten der
unteren Stockwerke und
des aufgestockten Dach-
geschosses (rechts). Das
stählerne Dach interpre-
tiert den Geist des alten
Gewerbebaus in zeitge-
mäßer Weise.

Farbiges Loft-Leben in einer ehemaligen Buntgarnfabrik

Wo bis ins Jahr 1991 die Leipziger Buntgarnwerke untergebracht waren, wohnen heute zahlreiche Loft-Liebhaber. Bevor es allerdings so weit war, wurden seit Anfang der 1990er Jahre eine Reihe von möglichen Nutzungsvarianten durchgespielt und großenteils wieder verworfen. Letztendlich fiel die Entscheidung zugunsten einer vollständigen Nutzung als Wohnungen – angesichts der Größe des Baukörpers eine durchaus »herkulische« Aufgabe und Leistung, die verdientermaßen mit dem Preis »Neues Wohnen in alten Gebäuden« der Deutschen Bank-Bausparkasse ausgezeichnet wurde. Zudem war das Sanierungsobjekt ein Projekt der EXPO 2000.

Die Buntgarnwerke wurden 1906 als sechsachsige, damals sehr moderne Stahlbetonkonstruktion mit zweischaligen Decken errichtet. Die Ziegelfassade mit den dekorativen Putzbändern trug noch dem Zeitgeschmack des ausklingenden Historismus Rechnung. Im Jahr 1913 wurde als Seitenflügel ein Maschinenhaus angefügt, das im Untergeschoss eine riesige Dampfmaschinenhalle aufnahm.

Ziel der Sanierungsplanung war es, die äußere Hülle mit der ursprünglichen Fassadengestalt, den vorhandenen Fensterausschnitten und sogar der alten Sprosseneinteilung wieder herzustellen. Durch Kriegseinwirkung und fehlende Sanierungsmaßnahmen war die vormalige Fassadengestalt stark beeinträchtigt, viele Fenster waren vermau-

S. 40 und links: Das »Innenleben« der früheren Buntgarnfabrik vor und nach der Sanierung: Statt des mittleren, überdachten Hallenbereichs entstand ein gut belichteter Innenhof mit gläsernem Aufzugsturm.

Die Fassade des riesigen Gebäudes wurde sorgfältig saniert, zugemauerte Fenster wurden wieder für Luft und Licht geöffnet.

Die hohen Räume bieten Platz für großzügiges Wohnen und darüber hinaus zusätzliche Galerien.

ert. Bei der Freilegung der Fenster im Souterrain kamen eine Reihe originaler Vergitterungen zum Vorschein, die nach der Restaurierung wieder an Ort und Stelle eingebaut wurden. Die Gestaltung der Fenstergitter wurde in kreativer Weise auch für die Streben des neu angefertigten Eisenzauns am Eingangstor Körnerstraße übernommen.

Die originalen Ausstattungsteile wie Tore, Treppenhäuser, Verblechungen und Schmuckelemente blieben – soweit noch vorhanden – erhalten; die bauliche Grundgestalt und vor allem die eindrucksvollen, gewölbten Stahlbetondecken wurden bei der Sanierung sichtbar gehalten. Im Treppenhaus sind sogar noch die originalen Stahlgeländer zu bewundern, die lediglich aufgearbeitet, mit hölzernen Handläufen versehen und modernen Sicherheitsvorschriften angepasst worden sind.

Nach dem Umbaukonzept wurden in die etwa 5 m hohen Fabriketagen mehrgeschossige, sehr eindrucksvolle Wohneinheiten eingefügt. Die Belichtung erfolgt durch den neuen, zwei Achsen breiten Innenhof; die einzelnen Lofts sind über nach innen auskragende Laubengänge erschlossen. Ein transparent wirkender, großflächig verglaster Aufzugsturm bindet die Laubengänge an. Die Originalkonstruktion des Fabrikgebäudes blieb vor allem im Innenhofbereich sehr gut nachvollziehbar.

Die alten baulichen Strukturen sind auch in den Lofts nacherlebbar, keine abgehängten Gipskartondecken verstellen den Blick auf die Industriearchitektur. Die notwendigen neuen Wohnungstrennwände aus Kalksandstein-Mauerwerk wurden durch entsprechende Farbgebung klar vom Altbestand abgesetzt, die neuen Elemente wie Leuchten und Beschläge sorgfältig nach Maßgabe ihres einfach-industriellen Charakters ausgesucht. Alles in allem ein riesiges Projekt, das den Planern nicht über den Kopf gewachsen ist, sondern mit einer Menge wunderbarer Ideen gefüllt wurde!

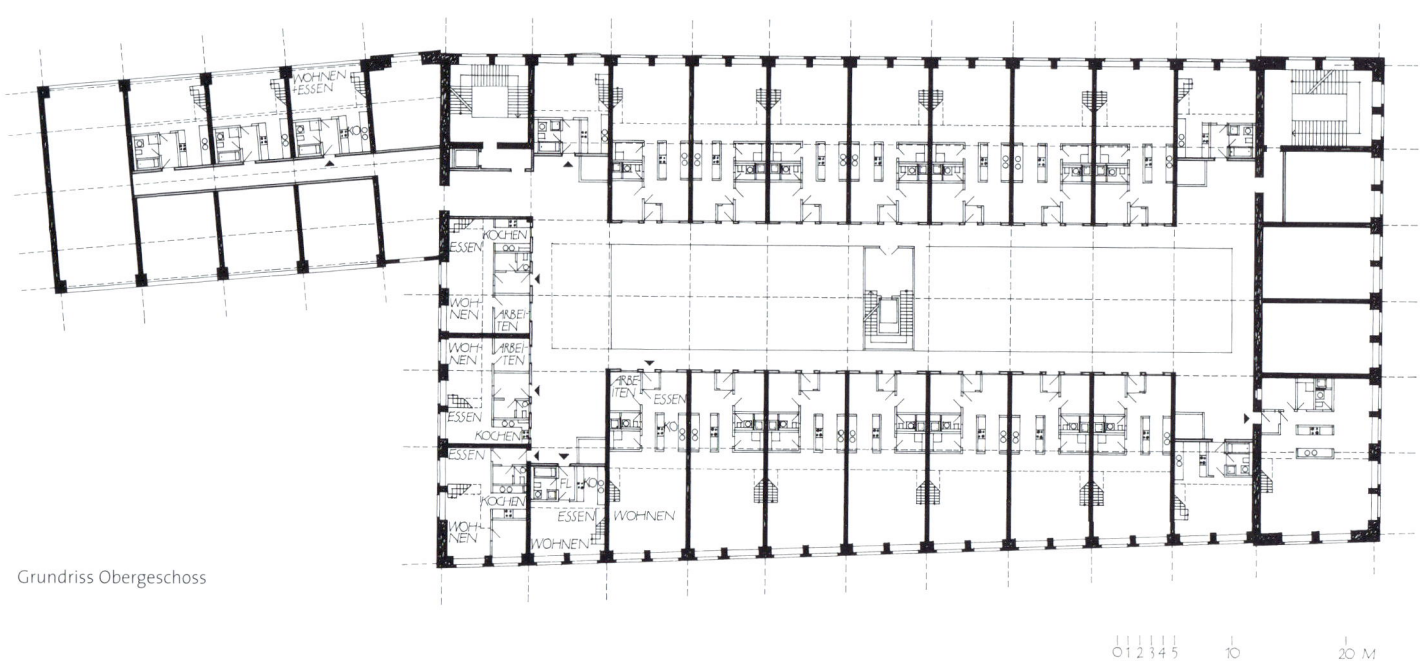

Grundriss Obergeschoss

01 2 3 4 5   10   20 M

44

Loft-Kontrastprogramm:
Nicht nur der Inhaber
eines modernen Lofts mit
Designer-Küche, sondern
auch die Liebhaber von
Büchern und Antiquitä-
ten wissen das Raumge-
fühl der alten Textilfabrik
ganz besonders zu schät-
zen.

Ateliers in einer ehemaligen Schürzenfabrik

Standort:

Leipzig

Architekten:

Fuchshuber und Partner, Leipzig

Gregor Fuchshuber,

Gert-Ingulf Müller

Bauherr, Verkauf und Vermittlung:

Eigentümergemeinschaft Jahnallee 28

c/o Architekturbüro Fuchshuber

und Partner

Erbauungsjahr Altbau:

1895

Umbauzeitraum:

1994–1995

Nutzfläche:

900 m²

Rauminhalt (BRI):

4.000 m³

Raumhöhen:

Ca. 3,50 m

Umbaukosten je m²:

Ca. € 1.020,–

Gerade bei alten Fabrikgebäuden stellt sich für den Architekten oft eine Reihe verschiedener Bauaufgaben, die im Rahmen des Sanierungskonzepts zu einem ganzheitlichen Planungsansatz zusammengefügt werden müssen. Im Fall der ehemaligen Schönefelder Schürzenfabrik in Leipzig musste zunächst die bei Planungsbeginn 1992 stark zerstörte Fassadengestalt der Fabrik wiederhergestellt werden, die Gestaltungselemente des späten Historismus mit denen des frühen Jugendstils vereinte. Praktisch alle Stuckierungen – mit Ausnahme des Reliefs über dem Eingangstor – waren im Lauf der Zeit verloren gegangen und mussten vollständig rekonstruiert werden. Dieses Relief weist eine für Fabrikbauten bemerkenswert ausgefeilte Stuckornamentik auf.

Als weitere Hauptaufgabe war die schlechte innere Bausubstanz des Hauptgebäudes so weit als möglich zu sanieren oder, wo dies nicht mehr möglich war, durch neue Bauteile zu ersetzen. Und nicht zuletzt ging es auch darum, die unbefriedigende Hinterhofsituation einer neuen Lösung zuzuführen; dort befanden sich vor Sanierungsbeginn eine Reihe baulich unbedeutender, zu verschiedenen Zeiten hinzugefügter An- und Zusatzbauten, die entfernt werden mussten. An ihre Stelle traten kubische, teils mit Pult-, teils mit Flachdächern versehene Neubauten; diese gelungenen Ergänzungsbauten greifen gekonnt die Größenverhältnisse, die Sprosseneinteilung und die Farbgebung der alten Fabrik auf, grenzen sich aber in der Formensprache deutlich ab.

Eine zwischen den massiven Baukörpern eingefügte Halle in Stahl-Glas-Konstruktion, durch deren Dach man freie Sicht auf den Himmel über Leipzig genießt, bildet das perfekte Ambiente für das dort untergebrachte Modeatelier von Silke Wagler. Der gläserne Baukörper passt sich trotz seiner offensichtlichen Gestaltqualität unauffällig in die neue Hinterhofsituation ein, die heute insgesamt sehr einladend und hell wirkt. Reizvoll ist auch der Umstand, dass an dieser Stelle wieder Kleidungsstücke gefertigt und angeboten werden.

Straßenansicht der Fabrik mit perfekt rekonstruierter Fassade.

Ein besonderer Reiz der Planung besteht in der räumlichen Abfolge des Durchgangs von der Jahnallee 28, der im Sommer offensteht, durch den neuen, überglasten Atelierbereich und den aufgekiesten Hof bis zur eichengetäfelten Durchfahrt zum Anwesen Leibnitzstraße 6.

Neben dem Modeatelier und dem im Souterrain der Fabrik untergekommenen Café Allée wird die frühere Schürzenfabrik heute als Atelier- und Bürohaus genutzt. Unter anderem befindet sich auch das Büro der planenden Architekten, Fuchshuber und Partner, in diesen alten Fabrikgemäuern an der Jahnallee.

Die wunderschönen Fenster bieten am Tag viel Helligkeit für die Arbeitsplätze des Architekturbüros.

47

Die Innenräume
des Modeateliers.

Hofansicht des Gebäu-
des mit neu angefügten
Bauteilen; in der Mitte
das glasüberdachte Mode-
atelier.

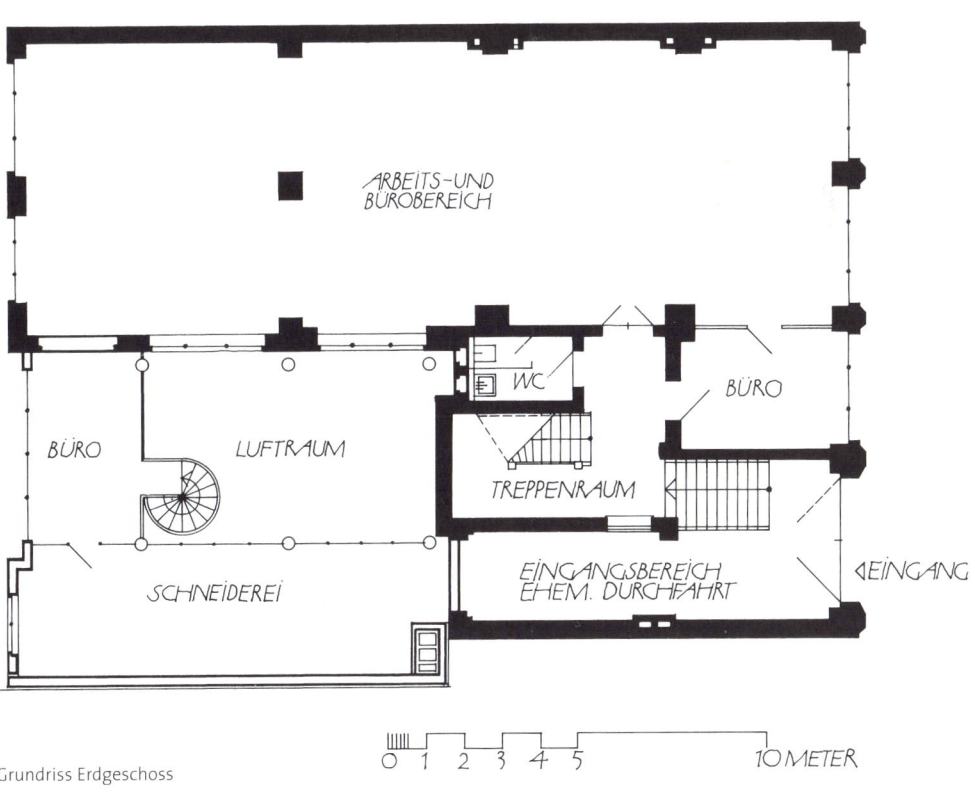

Grundriss Erdgeschoss

Wo vormals Sofas fabriziert wurden: Lofts in einer alten Polstermöbelfabrik

Standort:	
	Leipzig
Architekten:	
	Fuchshuber und Partner, Leipzig
	Gregor Fuchshuber,
	Gert-Ingulf Müller
Verwaltung:	
	Neukirch & Partner
	(Adresse über Büro Fuchshuber
	und Partner)
Erbauungsjahr Altbau:	
	1885
Umbauzeitraum:	
	1998–1999
Nutzfläche Altbau:	
	2.050 m²
Rauminhalt (BRI):	
	9.600 m³
Raumhöhen:	
	Bis 6 m
Umbaukosten je m²:	
	Ca. € 970,–

Im Jahr 1885 gegründet, war die Häring'sche Polstermöbelfabrik über alle historischen Wirren hinweg bis um 1990 in Betrieb. Mit Einstellung der Produktion mussten für die nahe der Leipziger Innenstadt an der Körnerstraße gelegenen Fabrikanlagen neue Nutzungen gefunden werden. Der Komplex besteht zum einen aus dem Hauptgebäude, das Teil einer geschlossenen Zeilenbebauung ist, zum anderen aus einem zweigeschossigen Seitenflügel am Westrand des Grundstücks. Einen besonderen Reiz des Objekts macht die Nachbarschaft der unmittelbar angrenzenden Kirche aus.

Das Leipziger Architekturbüro Fuchshuber und Partner sah für die Umgestaltung der Fabrik vor, die bestehenden Grundrisse so weit als möglich zu bewahren oder zumindest nachvollziehbar zu halten. Dazu wurden im Hauptgebäude alle Geschosse in zwei Bereiche unterteilt, einen Atelierbereich und einen dort hineingestellten Sanitär- und Küchenbereich. Durch dieses Konzept und den Verzicht auf weitere Trennwände ergibt sich ein perfekt erlebbarer Loft-Charakter. Ein Lastenaufzug,

der bereits vor der Sanierung vorhanden war, verbindet die Geschosse bis einschließlich der dritten Wohnebene. Auf der Hofseite aufgeständerte, filigran wirkende Stahlbalkone schaffen zusätzliche Nutzfläche, ohne das Bild der Fassade zu stören.

Im Treppenhaus: Alte und neue Bauteile wurden farblich voneinander abgesetzt, Vorhandenes wurde punktuell ergänzt.

Hofsituation mit erhaltenem Fabrikschornstein.

Der Seitenflügel wurde in vier separate Loft-Einheiten unterteilt; jedes Loft besitzt eine eigene, erdgeschossige Erschließung vom Hofbereich aus. Im Erdgeschoss befinden sich Atelier, Teeküche und WC, darüber die eigentliche Wohnebene mit Galerie und Bad.

Die regelmäßig gegliederte Backsteinfassade behielt bei dieser sehr behutsamen Sanierung ihr Gesicht – oder erhielt es vielmehr zurück. Die Fensterformate wurden durchgehend beibehalten, die Fenster selbst durch nach den alten Vorbildern neu gefertigte Exemplare aus Holz ersetzt. Der alte Fabrikschornstein im Hinterhof blieb ebenfalls erhalten – eine gleichsam sehr gelungene Maßnahme zum Beleg der früheren Nutzungsgeschichte.

Neue Elemente, so etwa die Eingangstüre in der Körnerstraße, vollziehen die Würde und Wertigkeit des Bestands gekonnt nach. Dennoch zeigt die verglaste, mehrfeldrige Stahlrahmentüre ebenso wie andere, neu eingebrachte Bauteile, dass sie ganz von heute sind.

In diesem Loft setzen
Rottöne die dominieren-
den Farbakzente.

Stimmungsvoller Dach-
Loft mit Durchblick zum
Treppenhaus.

Ein Verlagshaus
im Getreidespeicher

Standort:	
	Münster
Architekt:	
	Ulrich Brackhagen, Münster
Bauherr:	
	Wolfgang Hölker
	Coppenrath Verlag KG, Münster
Erbauungsjahr Altbau:	
	1899
Umbauzeitraum:	
	1998–1999
Nutzfläche:	
	Ca. 2.440 m²
Rauminhalt (BRI):	
	13.254 m³
Umbaukosten je m²:	
	Keine Angaben

Das im Jahr 1899 errichtete Speichergebäude am Münsteraner Hafenweg, das sich im Besitz der Stadt Münster befindet, verlor vor einigen Jahren seine alte Funktion. Der umtriebige Chef des Coppenrath Verlages, Wolfgang Hölker, entschied sich nun dafür, in diesem ehemaligen Getreidelager am Dortmund-Ems-Kanal seinen Unternehmenssitz einzurichten. Bei der Umsetzung dieses Plans standen ihm der Architekt Ulrich Brackhagen und der Interior Designer Ralf Wendland zur Seite, die zusammen mit dem Bauherrn aus dem denkmalgeschützten Nutzbau einen kreativen Tummelplatz für gute Buchideen machten.

Das ehemalige fünfgeschossige Lagerhaus am Hafen, das zur Zeit seiner Erbauung 1899 am Stadtrand gelegen war, befindet sich heute unweit des Stadtzentrums. Die Lage am Kanal spielt verkehrstechnisch natürlich keine Rolle mehr, bietet aber einen äußerst reizvollen Blick und damit ein Seele und Arbeit befruchtendes Umfeld. Die Sanierung des Gebäudes orientierte sich klar an der Zielsetzung, den Bestand im Inneren wie auch im Äußeren weitgehend zu erhalten und zu sanieren. Die Zusammenarbeit mit der Denkmalpflege gestaltete sich daher auch besonders harmonisch.

Sowohl die Fassade aus rotem und gelbem Klinker als auch die Tragwerkkonstruktion mit ihren gusseisernen Stützen und der Decken- und Dachkonstruktion aus Holz wurden bewahrt und saniert. Auch alle Fenster und sogar die meisten Fußbodendielen konnten erhalten werden!

Außenansicht des Speichergebäudes vor (S. 54 oben) und nach Sanierung und Umbau.

Links unten: Die Innenräume des Gebäudes, hier noch als Kornspeicher genutzt.

Im Innenraum ergab sich durch die mächtigen Eisenstützen der Eindruck einer offenen Säulenhalle oder einer maurischen Moschee, der durch die transparenten Raumabtrennungen noch verstärkt wird. Die einzelnen Büros der Mitarbeiter sind allesamt durch Glaswände abgetrennt, die obendrein flexibel verändert werden können. Hohe alte Flügeltüren französischer Provenienz wurden kreativ in das System der neuen Glaswände eingepasst. Lediglich Küchen und Toiletten wurden mit normalen Wänden abgetrennt. Den Mittelpunkt jeder Etage bilden große, ebenfalls verglaste Konferenzräume, die mit hochwertigen Antiquitäten ausgestattet sind.

Im Erdgeschoss sind das Foyer und ein höchst stilvoller Showroom, vor allem aber auch die Schauküche des Hölker Kochbuch-Verlages eingerichtet, wo Verlagskunden tatsächlich auch bekocht und an der alten englischen Theke beköstigt werden – ein wahrlich ungewöhnliches Tun in einem ungewöhnlich schön sanierten Gewerbebau.

Diese Illustration ver-
deutlicht das Tragwerk-
system des ehemaligen
Getreidespeichers.

Rechts: Im Erdgeschoss
Ausblick auf den
Dortmund-Ems-Kanal
mit Kristalllüster.

Büroräume in der
3. Etage. Die gläsernen
Trennwände fügen sich
bestens zu den wunder-
schönen Türen.

Links: Inspiration unter
Stahlträgern: Arbeits-
platz in den Privaträumen
Wolfgang Hölkers.

Der neu ausgebaute
Raum in der 5. Etage
bietet genügend Platz
für Empfänge und Kon-
ferenzen.

Grundriss Erdgeschoss

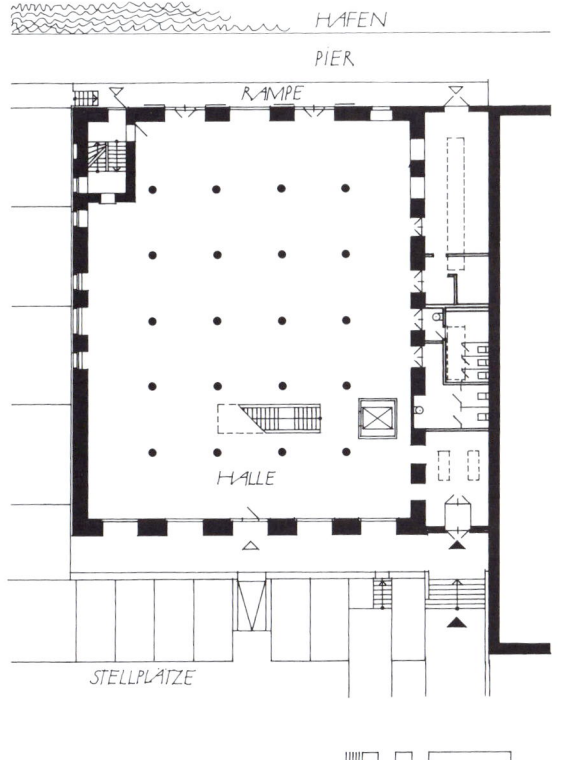

Grundriss 3. Obergeschoss

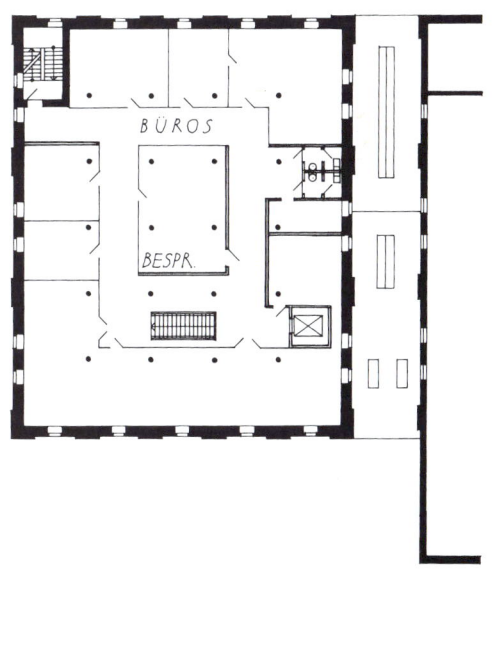

Wohnen in einer alten Brennerei

Das alte Industrierevier Nordrhein-Westfalen bietet eine große Zahl sehr unterschiedlich gearteter Gewerbe-architektur, namentlich im Ruhrgebiet zahlreiche Zeugnisse der Kohle- und Stahlproduktion. Im vorliegenden Fall wurde eine ehemalige Brennerei mit angeschlossener Hefefabrik in Rheda-Wiedenbrück grundlegend saniert und für die Wohnnutzung umgestaltet. Die zahlreichen Mieter in den 32 Loft-Wohnungen mit insgesamt 2.500 m² fühlen sich in den alten Back-steingemäuern sehr wohl und genie-ßen zudem das grüne und kinder-freundliche Wohnumfeld. Zusätzliche Fenster und angehängte Stahlbalkone sorgen für bessere Belichtung und für erhöhte Wohnqualität. In einem einer Orangerie nicht unähnlichen, mit gro-ßen Stahlrahmenfenstern ausgestat-teten Bau ist heute ein stimmungsvol-les Restaurant untergebracht.

Trotz der weitgehend dominieren-den Wohnnutzung konnte die Industrie-atmosphäre der ehemaligen Brennerei bewahrt werden. Dies gilt nicht nur hinsichtlich der Beibehaltung der alten Fensterformate, sondern etwa auch

für die eigentlich nicht mehr benötig-ten Relikte der Industriekultur, wie alte Schlote und Nebengebäude. Gerade deren Erhaltung und Sanierung tragen aber zum besonderen Reiz und speziell zum Gelingen dieser Loft-Sanierung bei. Nicht zuletzt aufgrund der harmo-nischen Zusammenarbeit mit dem Denkmalschutz konnten aus Denkmal-schutzmitteln 1,2 Mio. DM als Zuschüs-se zur Verfügung gestellt werden. Wei-tere 2,7 Mio. DM kamen aus Mitteln des Wohnungsbau-Modernisierungs-programms.

Die Brennerei wurde in unterschied-lichen Bauabschnitten im Zeitraum zwischen 1870 und 1910 errichtet. Zahl-reiche Umbaumaßnahmen folgten, zuletzt im Jahr 1950.

Im Einzelnen besaß die Fabrik drei Bauteile: die eigentliche Brennerei mit dem eingeschossigen ehemaligen Kontorhaus, die Hefefabrik und das Gärhaus nebst Kühlgebäude und Labor sowie schließlich das ehemalige, viergeschossige Hefelager.

Alle Außenwände und die tragenden Innenwände bestehen aus rotem oder gelbem Ziegelmauerwerk. Die Außenmauern sind dabei bis zu 125 cm stark.

Im Zuge der Sanierung wurden – in Abstimmung mit der Denkmalpflege – vor allem ein Teil der nicht tragenden Innenwände, marode Einbauten, irreparabel geschädigte Teile der Dachkonstruktion und nachträglich eingebrachte Leichtbau-Trennwände entfernt. Wo irgend möglich, wurde die vorhandene Dachkonstruktion erhalten und ausgebessert. Die korrosionsgeschädigten Teile der Stahlträger wurden saniert. Schadhafte Teile des Außenmauerwerks wurden ausgebessert oder durch neue Steine ergänzt. Als Steinformat kam durchgehend das so genannte Reichsformat zum Einsatz; das hierfür benötigte Material gewann man im Gebäu-

61

de selbst aus notwendig gewordenen Durch- und Abbrüchen. Die Fassaden wurden durch Sandstrahlen grundgereinigt, offene Fugen neu verfugt.

Beim eigentlichen alten Brennereigebäude blieb die Fassade aus denkmalpflegerischen Gründen weitgehend unverändert und erhielt folglich auch keine neuen Öffnungen. Die Fenster waren zu erneuern; aus Holz gefertigt, entsprechen sie vollständig den Vorgaben des Denkmalschutzes und erfüllen natürlich auch die heutigen Anforderungen an den Wärmeschutz. Die neue Dachdeckung der Brennerei besteht aus roten Tonpfannen.

Blick in das neu eingebaute Restaurant.

Treppenhaus nach der Sanierung. Die Stahlkonstruktionen von Treppen und Geländern wurden möglichst filigran gehalten, um den offenen Raumeindruck zu bewahren.

62

Dachuntersicht während
der Umbauarbeiten.

Stimmungsvoller Gewöl-
beraum im Eingangs-
bereich. Im Hintergrund
die Aufgangstreppe.

Unten: Die ehemalige
Kfz-Halle während der
Umbauarbeiten.
Rechte Seite: Ein Essplatz
mit enormen Raumhö-
hen: Bei der Sanierung
wurde die Halle zwar in
viele Einheiten unter-
teilt, besitzt aber eine
traumhafte Loft-Atmo-
sphäre.

Ein Heim in der ehemaligen Fahrzeughalle

Standort:	
	Mülheim a. d. Ruhr
Architekt:	
	Frank Ahlbrecht, Essen
Bauherr:	
	Baugemeinschaft Kfz-Halle
	Mülheim a. d. Ruhr
Erbauungsjahr Altbau:	
	Um 1930
Umbauzeitraum:	
	2000–2001
Wohnfläche:	
	2.715 m²
Rauminhalt (BRI):	
	21.500 m³
Raumhöhen:	
	Bis 4,35 m
Umbaukosten je m²:	
	Ca. € 1.690,–

Recht unähnlich den traditionellen Beispielen der Industriearchitektur mit Ziegelfassade, stellt dieses Projekt in Mülheim an der Ruhr eine höchst interessante Umgestaltungsvariante dar. Die um 1930 im Stil der klassischen Moderne errichtete, denkmalgeschützte Werkstatthalle bietet mit ihren 112 m Länge und 22 m Tiefe viel Raum, der in seiner Gesamtheit dem Wohnen und Arbeiten zur Verfügung steht. Die große Halle wurde in mehrere Wohneinheiten unterteilt, die durch ihre Abmessungen und ihre Raumhöhen mit bis zu 4,35 m perfekten Loft-Charakter besitzen. Die Belichtung ist nicht zuletzt durch die großen Fensteröffnungen im Bereich der ehemaligen Werkstatttore hervorragend und lässt wunderbare, lichtdurchflutete Räume entstehen.

Die heute insgesamt vorhandenen 22 Wohn- und Atelier-Lofts werden überwiegend von den Eigentümern genutzt, die sich als GbR zu einer Baugemeinschaft zusammengeschlossen haben. Die Idee des gemeinschaftlichen Wohnens und Arbeitens, die auch gemeinschaftlich genutzte Räume und Flächen mit einschließt, war daher ein

zentraler Aspekt bei dieser Loft-Sanierung. Insofern wird hier in gewisser Weise unter etwas anderen Voraussetzungen wieder der Geist der 1980er Jahre lebendig, als gerade alte Fabriketagen zur Verwirklichung gemeinschaftlicher Lebens- und Arbeitsmodelle auserkoren wurden.

Bemerkenswert bei dieser Loft-Sanierung sind neben der gewonnenen Qualität des Raumerlebnisses vor allem die geringen Kosten; der Verkaufspreis je Quadratmeter lag bei diesen Lofts nur bei etwa 1600.– bis 1700.– Euro! Dieser günstige Verkaufspreis bedurfte natürlich großer Anstrengungen des Architekten hinsichtlich der Planung und der Kostenkontrolle. Bemerkenswerterweise erreichen die Lofts durch

Durchblick mit Sitzplatz
und Schwindel erregend
hoher Spindeltreppe.

S. 69:Endlos erscheinen-
der Gang mit Blick zum
Ess- und Wohnraum. Die
raumhohen Verglasun-
gen verstärken den Ein-
druck der Transparenz.

Grundriss Ersgeschoss

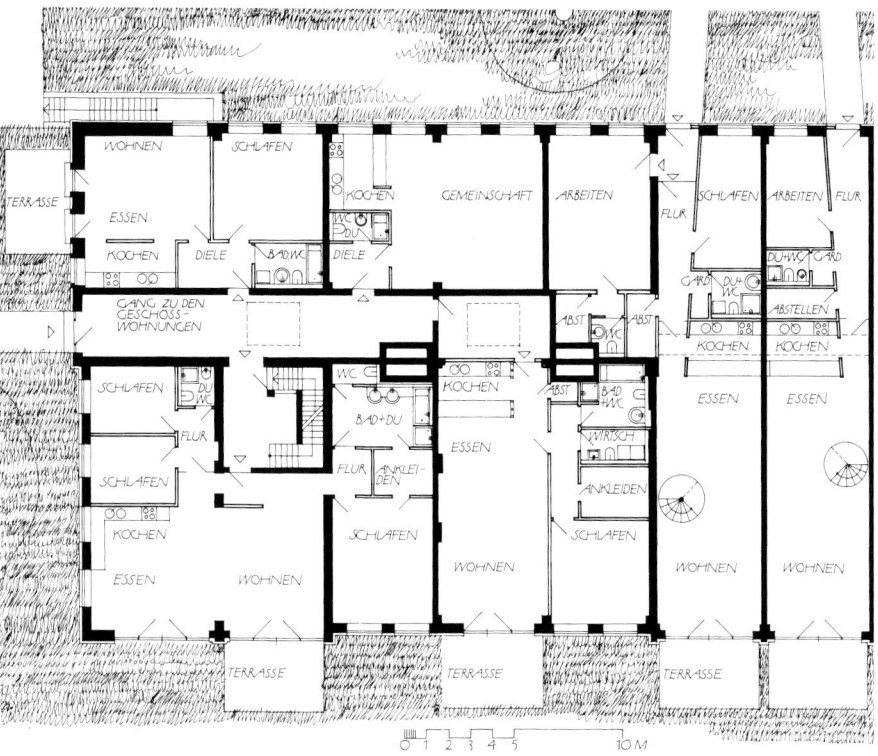

die zusätzliche Dämmung der Außenwände, die hochwärme-gedämmte
Dachhaut und die passive Solarenergie-
nutzung sogar Niedrigenergiehaus-
Standard! Trotz des engen finanziellen
Spielraums war es möglich, jedem Bewohner einen auf seine individuellen
Wünsche abgestimmten Zuschnitt seiner persönlichen Loft-Einheit zu bieten.
Bei der Sanierung waren hohe Auflagen
des Denkmalschutzes zu berücksich-
tigen. Es wurde sehr genau auf die Bewahrung oder teils auch Wiederherstellung historischer Fassadendetails
wie Lisenen und Gesimse geachtet.
Sogar der originale, elfenbeinfarbene
Kellenwurfputz wurde nach Aufbrin-
gung der Wärmedämmfassade wieder
aufgenommen. Die Struktur und Gliederung des in Stahlbetonskelett-Bau-
weise errichteten Gebäudes wurden
respektiert, lediglich einige wenige nicht
tragende Wände wurden entfernt. Um
22 getrennte Wohn- und Arbeits-Lofts
unterbringen zu können, wurden eine
Reihe von Wohnungstrennwänden und
zusätzliche wohnungsabschließende
Wände eingebaut. Die Werkstatttore
auf der Südseite ersetzte man durch

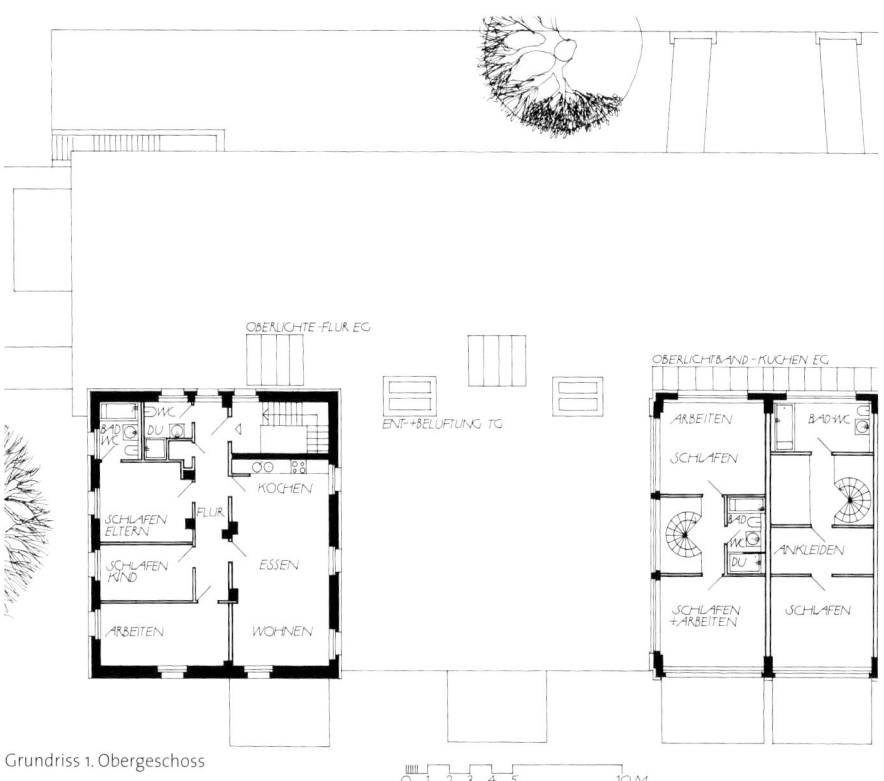

Grundriss 1. Obergeschoss

68

Metallfenster, die aber die Gliederung der Falttoranlagen aufnehmen. Auf der Nordseite wurden einige Fenster – unter Beibehaltung der originalen Breite – zu Eingangstüren erweitert. Der besseren Belichtung der innen liegenden Küchen dient ein auf der gesamten Hallenlänge neu in die Dachfläche integriertes Lichtband. Neu hinzugefügte Bauteile wie Balkone und Zugangsbrücken wurden gestalterisch bewusst als neue Elemente gekennzeichnet.

Der Hallencharakter blieb bei der Sanierung durch Brücken und Galerien, die die Gesamthöhe des Gebäudes erfahrbar machen, weitgehend erhalten. Spannungsvolle Raumeindrücke ergeben sich unter anderem auch aus den hohen, konisch zulaufenden Gängen, die die Tiefe der Räume noch zusätzlich betonen. Verglasungen wurden mit schmalstmöglichen Rahmen ausgeführt.

Blick zurück vom Essplatz und von der Küche in den Gang.

Essplatz mit Reminis-
zenzen an den »Vater
des Loft-Künstlertums«,
Andy Warhol.

Auf einer der Galerien.
Filigrane Geländer und
Wände aus Glasbau-
steinen erhalten die fas-
zinierende Raumwirkung.

Kultur und Design
im Backsteinkleid

Das ehemalige Fabrik-
gebäude und der Neubau
(rechts) harmonieren
bestens miteinander.
Durch ein Zeltdach wer-
den die Eingangsberei-
che optisch verbunden.

Standort:	
	Köln
Architekten:	
	Horst Fischer, Aachen
Erbauungsjahr Altbau:	
	Um 1895
Umbauzeitraum:	
	1995–1999
Wohn-/Nutzfläche Altbau mit Aufstockung:	
	Ca. 800 m² Nutzfläche,
	ca. 100 m² Wohnfläche im Dachaufbau
Rauminhalt (BRI):	
	Ca. 5.100 m³
Raumhöhen:	
	Bis 5 m
Umbaukosten:	
	Keine Angaben

Das wunderbar sanierte ehemalige
Kupferschmiedegebäude in der Brühler
Straße zählt ohne Zweifel zu den schöns-
ten Loft-Sanierungen Kölns. Das in die
Denkmalliste eingetragene Gebäude
im Ortsteil Raderberg entstand um
1895; seit um 1950 wurde das Bauwerk
teilweise als Papiergroßhandel genutzt,
darüber entstanden später auch Ate-
lier- und Ausstellungsräume.

Mitte der 1990er Jahre erstellte das
Architekturbüro Fischer erste Umbau-
entwürfe, die 1997 ergänzt und kon-
zeptionell neu ausgerichtet wurden;
der neue, dann auch zur Ausführung
gekommene Ansatz bestand nun darin,
die vorgesehene Zusatzbebauung statt
in einem Anbau in einem gegenüber
situierten Baukörper zu verwirklichen.
Dies hatte auch in denkmalpflegeri-
scher Hinsicht den enormen Vorteil, dass
der Altbestand wieder für sich stehen
und wirken kann. Er bildet zusammen
mit dem Neubautrakt, der in über-
zeugender, klarer Architektursprache
gehalten ist, einen stimmungsvollen
Innenhof; ein zwischen den Eingangs-
bereichen gespanntes Segel und die
durchdachte Planung mit künstlicher

Das Erdgeschoss der früheren Kupferschmiede. Rechts hinten der Eingang.

Beleuchtung wirken als verbindende
Elemente. Insbesondere nachts ergibt
sich eine äußerst effektvolle Situation.
Das Areal wurde auch insofern räum-
lich neu gegliedert, als einige Zusatz-
gebäude aus den 1950er Jahren abge-
brochen wurden, um die Wertigkeit
des ursprünglichen Bestands wieder in
den Vordergrund zu rücken. Im Erdgeschoss erhielten die Fenster im Zuge
der Sanierung wieder ihre ursprünglichen Abmessungen. Im Übrigen wurden die alten Metallfenster erhalten,
aufgearbeitet und innenseitig jeweils
durch einen zweiten Flügel zu Kasten-
fenstern ergänzt – eine sowohl denkmalpflegerisch überzeugende als auch
hinsichtlich der Wärme- und Schall-
dämmung sehr wirkungsvolle Variante.

Funktional hatte die Sanierungsplanung des Altbaus mehrere Zwecke
zu erfüllen; unter anderem entstanden
im Erdgeschoss, den vormaligen Lagerhallen, gestalterisch angemessene
Büro- und Präsentationsflächen für das
Architekturlicht-Unternehmen révo-
luce kreon vektron. Die darüber befind-
lichen Räume bezog der KunstSalon,
der sich als gemeinnütziges künstleri-

sches Zentrum versteht und in den
Räumen Tanz-Performances, Theater-
und Filmvorführungen, Kunstausstel-
lungen und vieles andere mehr organi-
siert. Der Veranstaltungsraum bietet
Platz für etwa 100 Besucher.

Die Innenarchitektur sowohl der
öffentlichen als auch der privaten Wohn-
bereiche ist auf höchstem Niveau
angesiedelt, allerorts gehen neue Aus-
stattung und Einrichtung eine frucht-
bare Symbiose mit den alten Backsteinmauern ein. Prunkstück und Vorzeige-
objekt ist jedoch ohne Zweifel die Loft-
Atelierwohnung im 2. Obergeschoss,
der eine großzügige Dachterrasse zugeordnet ist. Die Abbildungen geben
hiervon einen überzeugenden Eindruck.
Obgleich Dachkonstruktion und Dachaufbau bei der Sanierung erneuert
wurden, halten die Stahlbetondecken
den Fabrikcharakter sogar in diesem
Vorzeige-Design-Loft aufrecht.

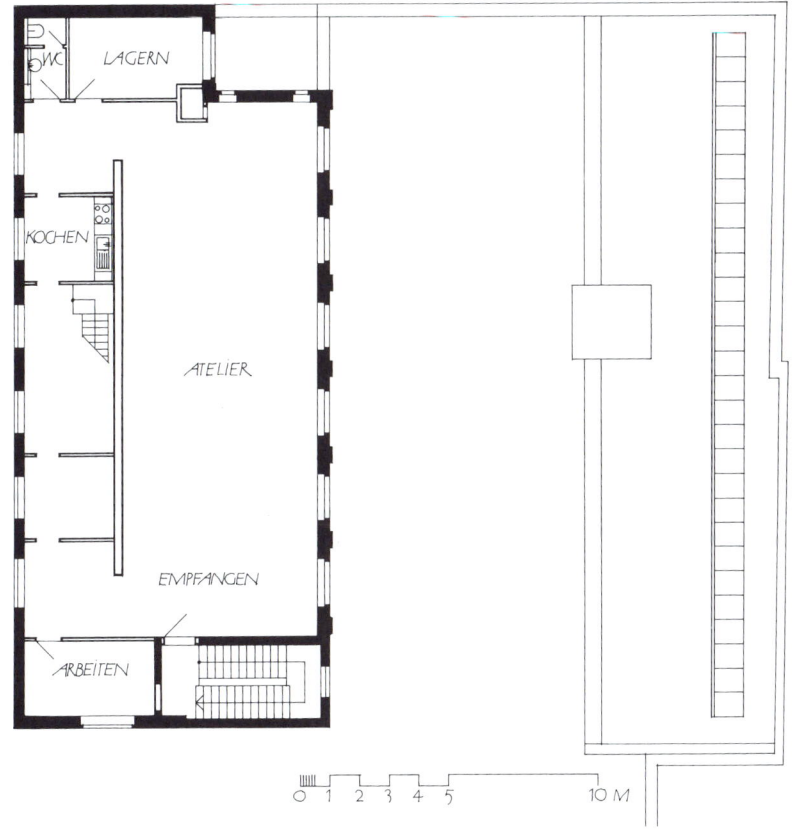

Grundriss 2. Obergeschoss

0 1 2 3 4 5   10 M

Besprechungstisch vor
Stahlkonstruktion und
Backsteinmauerwerk.

75

Das Atelier-Loft mit
»Kuschelecke« bietet
das wirklich ganz große
Raumerlebnis.

Reihenhaus-Lofts
im alten Wasserwerk

Standort:

Siegburg

Architekten:

Jaspert und Steffens, Köln

Erbauungsjahr Altbau:

Ende 19. Jahrhundert

Umbauzeitraum:

1996–1997

Wohnfläche:

230 m²

Rauminhalt (BRI) Lofts:

1.280 m³

Raumhöhen:

Bis 5,20 m

Umbaukosten je m²:

Ca. € 2.440,–

Ende des 19. Jahrhunderts entstand in Siegburg im Umfeld des Flusses Sieg ein Wasserwerk in der zeittypischen Architektur- und Formensprache. Dunkelrote Backsteinklinker prägen noch heute zusammen mit eng gesprossten Metallfenstern den Eindruck der Fassade. Mitte der 1950er Jahre wurde die historische Wasserversorgung obsolet, das Wasserwerk stand in der Folgezeit für viele Jahre leer.

Erst Ende der 1970er Jahre konnte das Wasserwerk grundlegend saniert und mit neuen, angemessenen Nutzungen versehen werden. Die privaten Bauherren erwarben das Gebäude von der Stadt Siegburg und bauten in einem Teilbereich eine Kunstgalerie und eine Wohnung ein. Diese Aufteilung hatte bis in die 1990er Jahre Bestand, als man sich weiterhin entschloss, den bisher noch unsanierten Teil des früheren Wasserwerks ebenfalls einer neuen Nutzung zuzuführen; nach einigen konzeptionellen Überlegungen und Varianten erstellte darauf das Kölner Architekturbüro Jaspert und Steffens eine Gesamtplanung für den Umbau der ehemaligen Pumpenhalle mit den Was-

serbecken. Hier entstanden zusätzliche Wohneinheiten, die so in die bestehenden Bauteile einbezogen wurden, dass das Nebeneinander der verschiedenen Nutzungsbereiche als räumliches Erlebnis nachvollziehbar ist.

Die heutige Einteilung des Bauwerks, in dem nun drei Wohn-Lofts untergebracht sind, spiegelt die historische Strukturierung und den konstruktiven Aufbau der Halle wider. Die vom Grundriss her weitgehend identischen Lofts sind in Entsprechung zur Dreiteilung der Fassade in der früheren Pumpenhalle nebeneinander aufgereiht. Bis zum Dachbereich frei stehende Schotts aus Beton trennen die Lofts voneinander. Im Erdgeschoss befindet sich jeweils der Wohn- und Essbereich, im Zwischengeschoss sind Ankleide, WC und Lesegalerie, unter dem Dach der Schlaf- und Arbeitsbereich untergebracht. Separate Zugänge von den einzelnen Lofts in den nahe der Sieg gelegenen Skulpturengarten stellen die unmittelbare Anbindung an das grüne Umfeld her.

S. 78: Fassadenansicht des alten Wasserwerks nach dem Umbau mit dem angrenzenden Park.

Fensterdurchblick in einen der Reihenhaus-Lofts nach erfolgtem Umbau.

Obgleich Treppen und
Galerien eingebaut und
verschiedenste Funktio-
nen untergebracht
werden mussten – hier
der Kochbereich in möb-
liertem (oben) und un-
möbliertem Zustand
(rechts) –, konnte die
Raumwirkung des alten
Wasserwerks erhalten
werden.

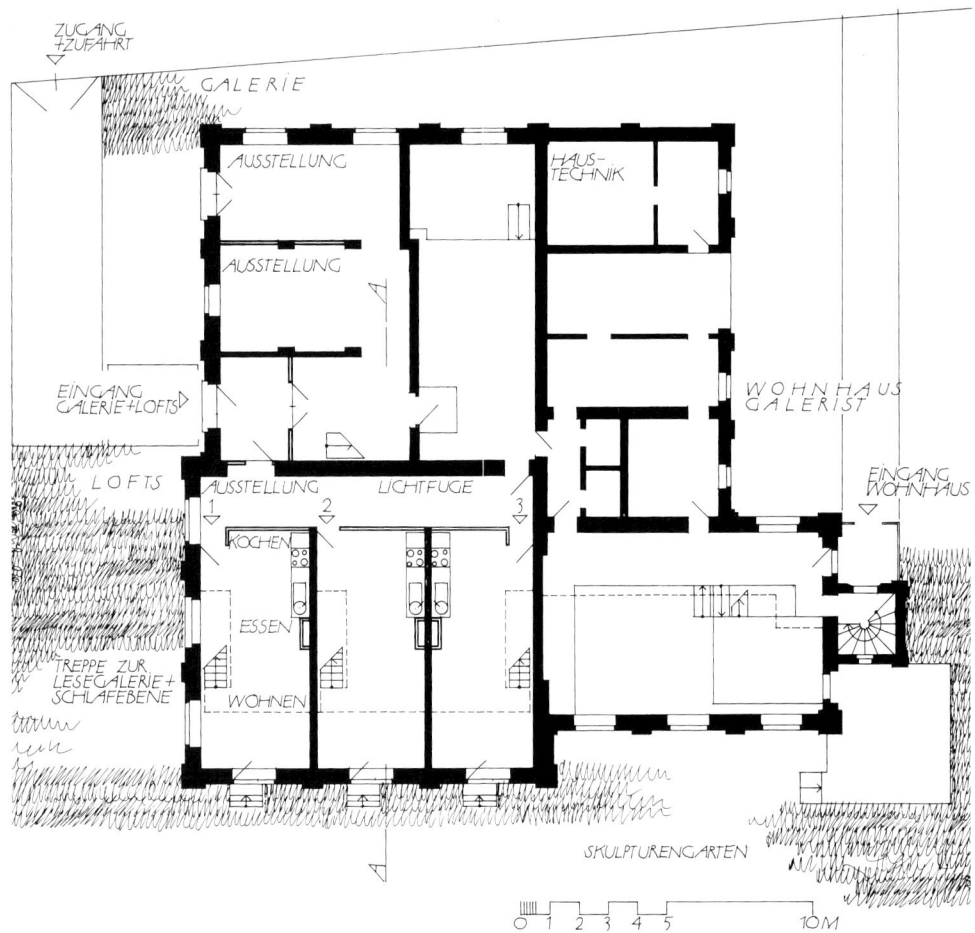

Grundriss
Wohnebene Erdgeschoss

Querschnitt

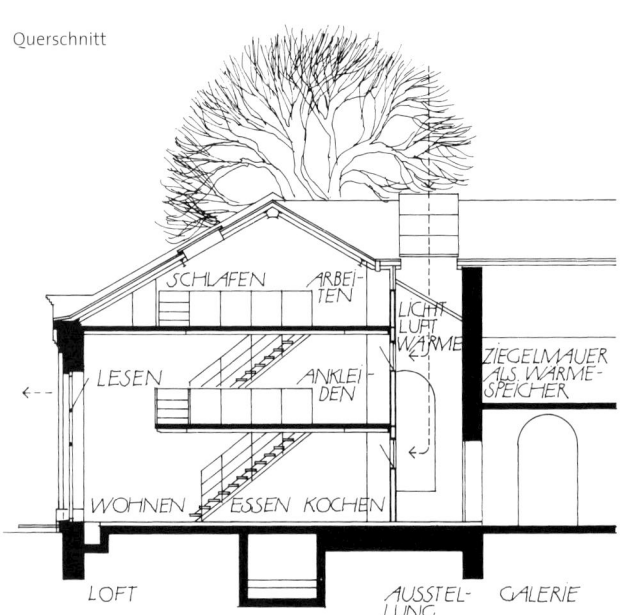

Ein schmaler, vertikaler Raum bildet als so genannte Lichtfuge die sich über die gesamte Hallenhöhe erstreckende Erschließungszone und bietet zugleich Raum für die bei diesem zweiten Umbau hierher verlagerte Kunstausstellung. Der verglaste, über die gesamte Hallenlänge durchlaufende Dachreiter belichtet sowohl den gemeinsamen Erschließungsbereich als auch die innen liegenden Räume der Lofts.

Im Umfeld der Lichtfuge werden zwei gestalterisch gegensätzliche Bereiche kontrastierend und einander befruchtend gegenübergestellt – zum einen die alte Ziegelmauer, zum anderen die neue Wand in Stahl-Glas-Konstruktion. Um die neu entstandenen Lofts gestalterisch klar als neue Einbauten zu identifizieren und visuell vom Altbau abzugrenzen, dominieren hier die Materialien Stahl, Holz und Glas. Es entsteht ein überzeugend spannungsvolles Gegenüber von Alt und Neu, das beiden Bauteilen ihre Wertigkeit belässt.

Die Eingangsbereiche
überzeugen durch den
Gegensatz zwischen
dem Backsteinmauer-
werk und der Türkon-
struktion aus Stahl
und Glas.

Alle Reihenhaus-Lofts
besitzen eigene Zugän-
ge zum Skulpturen-
garten.

Traumhafte Loft-Sanierung in Eigenregie

Standort:	
	Frankfurt a. M.
Bauherr, Vermietung und Beratung:	
	Dr. Ulrich Nöhle, Frankfurt a. M.
Erbauungsjahr:	
	1890
Umbauzeitraum:	
	2000–2001
Wohn-/Nutzfläche Altbau:	
	368 m²
Raumhöhen:	
	Bis 3,60 m
Umbaukosten je m²:	
	Ca. € 2.760,–

Selten gehen Eigentümer eines alten Fabrikgebäudes das Wagnis ein, es in kompletter Eigenregie zu sanieren und einer neuen Nutzung zuzuführen. Der engagierte Frankfurter Loft-Besitzer Ulrich Nöhle hat es trotzdem gewagt – und es ist ihm perfekt geglückt. Dies ist schon für sich allein erstaunlich, wird allerdings umso bemerkenswerter, wenn man den kurzen Sanierungszeitraum (2000–2001) bedenkt. Da nicht einfach irgendwie renoviert, sondern auf hohem Niveau und unter weitgehender Erhaltung der Altbausubstanz saniert werden sollte, war das Einvernehmen mit den Stellen des Denkmalschutzes von besonderer Wichtigkeit.

Auf Besprechungen vor Ort mit Vertretern des hessischen Landesamts für Denkmalpflege und des Denkmalamts der Stadt Frankfurt wurden Sanierungsmöglichkeiten erörtert und wurde das bestmögliche Vorgehen abgestimmt. Als nach einiger Suche ein sanierungserfahrener und kompetenter Handwerksbetrieb gefunden war, konnte auf Grundlage der Baubeschreibung geplant werden.

Da das Gebäude wegen seiner Wertigkeit 2000 in die Denkmalliste aufgenommen wurde, konnten auch die entsprechenden steuerlichen Vorteile in

Die Eingangsfassade vor (S. 86) und nach der Sanierung.
Seite 86 unten: Detail des Haupteingangs.

Anspruch genommen werden; allerdings ging der Aufwand für diese bis ins kleinste Detail originalgetreue Sanierung weit über das hinaus, was der Denkmalschutz forderte! Über ein Jahr hatte Ulrich Nöhle allein darauf verwendet, sich im gesamten deutschsprachigen Raum Anregungen bei anderen gelungenen Fabriksanierungen zu holen. Sogar die Auswahl der Pflanzen, so der Bäume und Rosensträucher, beschränkte sich auf Arten und Sorten, die schon zur Erbauungszeit bekannt waren! Das Ziel einer anspruchsvollen und denkmalgerechten Sanierung forderte nicht zuletzt aufgrund des desolaten baulichen Zustands zum Zeitpunkt des Erwerbs besondere Anstrengungen und war entsprechend mit einem beträchtlichen Kostenaufwand verbunden. Die herausragende Qualität der Sanierung wurde verdientermaßen mit dem Hessischen Denkmalschutzpreis 2001 ausgezeichnet.

Das Fabrikgebäude in Frankfurt-Niederrad hatte bereits eine lange Geschichte hinter sich. Seit seiner Erbauung im Jahr 1890 bis Ende der 1980er Jahre beherbergte es eine Brunnenbau-

firma. Die Rapps Brunnenbau war durchgehend bis zur Betriebsaufgabe 1998 tätig. Ulrich Nöhle hatte den Erwerb der Fabrik, in die er sich schon 1991 spontan »verliebt« hatte, von langer Hand vorbereitet; seit dieser Zeit blieb er stets mit der Geschäftsführung in Kontakt, um bei einem etwaigen Verkauf zugreifen zu können. Die vom neuen Eigentümer 1998 erworbenen, gewerblich genutzten Gebäude des Komplexes bestanden zu diesem Zeitpunkt aus einem Werkstattgebäude mit Kontorräumen, einer Rohrlagerhalle – der so genannten »Zeppelinhalle« –, einem Fahrzeugschuppen sowie zwei kleineren Nebengebäuden.

Bei der engagierten Sanierung achtete der Eigentümer ganz besonders auf die Bewahrung oder Wiederherstellung der ursprünglichen Stilmerkmale und baulichen Charakteristika aus der Zeit der Jahrhundertwende. So vermied man gänzlich den Einbau von Kunststoff-Bauteilen. Es wurden nur Bauteile aus Stein, Glas und Stahl eingesetzt; sämtliche Türen sind aus Holz gefertigt. Bei der Backsteinfassade wurde nicht etwa sandgestrahlt, son-

dern der marode Mörtel von Hand aus sämtlichen Fugen entfernt und neu verfugt, um die Patina der Steine zu erhalten. Die alten, einfachverglasten Stahlkassettenfenster wurden durch thermisch getrennte Exemplare ersetzt, die mit den alten in Größe und Sprossenabständen weitgehend übereinstimmen. Sämtliche noch vorhandenen Eingangs- und Innentüren ließ der Bauherr restaurieren und wieder einbauen. Im Kontortrakt stieß man auf einen wunderschönen Redpine-Boden, der freigelegt und neu angeschliffen, gelaugt und geölt wurde. Auch die Böden im Werkstattgebäude wurden aufgearbeitet. Sowohl die Kappendecke und die genieteten Stahlträger als auch die vorhandene Hofbeleuchtung, die Hofuhr, der alte Kranbalken und vieles mehr ließ man fachgerecht restaurieren und wieder anbringen. Das Geländer im Treppenhaus blieb vollständig erhalten. Gleiches gilt für das alte Kopfsteinpflaster im Hof.

Bei allen Sanierungsmaßnahmen vergaß Ulrich Nöhle nicht die Gestaltung der Innenräume; das Interieur wurde in Anlehnung an den früheren

Fabrikcharakter geradlinig, dabei aber mit sehr hochwertigen Materialien gestaltet. Beispielsweise finden sich in den Badbereichen offene Waschschüsseln auf Marmortischen, es gibt eine Toilette im Stil eines wasserlosen Klosetts und eine Küche mit Gasherd, die in Anlehnung an eine Werkbank in der Art eines Schmiedeplatzes gestaltet ist. Die Elektroanlagen im 1. Obergeschoss sind im Stil von um 1930 gehalten (Produktserie »Berker 1930«). Leitungsbahnen für Heizung und Elektrik, die ebenso wie die Sanitärinstallation komplett zu erneuern waren, werden gemäß dem industriellen Charakter auf Putz und in verzinkten Kabelpritschen geführt.

Die Attraktivität der ehemaligen Brunnenbaufabrik ist enorm und findet dementsprechend zahlreiche Interessenten. Es können insgesamt fünf Büro-Lofts und ein Wohn-Loft angemietet werden.

Die Gestaltung der Fenster und der Innenräume nimmt nicht nur größtmögliche Rücksicht auf denkmalpflegerische Belange, sondern demonstriert und bewahrt auch sehr konsequent die Einfachheit des Industriebaus.

Hier gehen unverputzte Backsteine eine reizvolle Mélange mit einem Designer-Waschtisch und einer ebensolchen Armatur ein.

Wohn-Lofts
in der alten Spinnerei

Standort:

    Plochingen

Architekt:

    Ivano Gianola, CH-Mendrisio

    Projektmitarbeiter:

    Stefano Rizzi, Isabelle Aichinger,

    Lorenzo de Luca, Angela Johr,

    Sara Plutino

Bauherr:

    Gemeinnützige Baugesellschaft,

    Plochingen

Erbauungsjahr Altbau:

    1894

Umbauzeitraum:

    1998–1999

Wohn-/Nutzfläche:

    Ca. 2.800 m²

Raumhöhe Halle:

    9 m

Umbaukosten je m²:

    Ca. € 750,–

Die Kunst in der Sanierung von Gewerbebauten liegt, wie schon bei den anderen in diesem Band vertretenen Beispielobjekten zu sehen war, in der Vermeidung von schicker Künstlichkeit. Das ehemals Industrielle muss beim Umbau erkennbar bleiben, neue Bauteile müssen sich dem Gesamtcharakter einfügen und sollen ihm doch eine zusätzliche architektonische Dimension verleihen. All diese Forderungen lassen sich insbesondere bei stark von der alten Funktion abweichenden neuen Nutzungen nur mit großem planerischen Geschick verwirklichen; die Umnutzung der ehemaligen Spinnerei Otto in Plochingen zählt ganz sicherlich mit zu den gelungensten Beispielen solch schwieriger Bauaufgaben.

Der Schweizer Architekt Ivano Gianola bewies, dass auch eine alte Spinnerei in Gänze neu als Bürogebäude genutzt werden kann, ohne dem Bestand Gewalt anzutun. Er setzte in die mächtige, 1894 errichtete Fabrikhalle an den Längsseiten auf zwei Geschossen Wohnungen ein, die im 1. Obergeschoss durch brachial betonierte Umgänge erschlossen werden. Das mächtige Tragwerk aus Stahlbeton spannt sich quer über den Innenhof und lässt keinen Zweifel daran aufkommen, dass das Gebäude einmal industriellen Fertigungszwecken diente. Der lang gestreckte Innenhof wird durch ein großes, sich über die ganze Länge des Gebäudes erstreckendes Glassatteldach auf stählernem Tragwerk belichtet. Die Tragwerkteile wie auch die Eingangstüren der Lofts sind in einem hellen, warmen Rotton gehalten. Die einzelnen Wohn-Lofts im Erdgeschoss wie auch in den beiden Obergeschossen können durch Holzschiebeläden vom Innenhof abgeschottet werden. Eine Reihe mächtiger Olivenbäume sorgen sowohl für natürliches Ambiente als auch für die Betonung der Längsachse.

Die frühere Spinnerei
vor (S. 90 oben) und
nach der Sanierung.

Der Steg über den Neckar
ist Teil der städtebau-
lichen Verbindungsach-
se. Der baufällige alte
Steg (S. 90 unten) wurde
durch ein ungewöhn-
liches, sehr gelungenes
Nachfolgemodell ersetzt.

In Entsprechung zum baufälligen alten Steg, der einstmals über den Neckar zur exponiert auf einer Flussinsel gelegenen Fabrik führte, wurde vom Büro Gianola eine völlig zeitgemäße neue Brücke gebaut, die von doppelten Rundbögen überspannt wird. Die Klinker der Rundbögen wie auch der hellrote Anstrich der Stahlteile nehmen gekonnt Bezug auf das ehemalige Fabrikgebäude. Der neue Steg ist im wahrsten Sinn genauso als eine Art städtebauliche Brücke zu verstehen, die die verschiedenen räumlichen Bereiche der Stadt miteinander verbindet. Die gedachte Traverse endet am Rathaus. Die neu erstandene Spinnerei wiederum bildet den Mittelpunkt des städtischen Areals jenseits des Flusses.

Blick durch die Halle. Die großzügige Dachverglasung lässt sogar für die Olivenbäume genug Licht nach innen einfallen.

92

Kreative Energie im Kraftwerk

Standort:	
	Kollnau
Architekten:	
	Hermann + Öttl, München
Bauherrenschaft:	
	Astrid und Michael Ganter, Waldkirch
Erbauungsjahr:	
	1890
Umbauzeitraum:	
	2000–2001
Wohn-/Nutzfläche Altbau:	
	Ca. 3.200 m²
Rauminhalt (BRI):	
	26.489 m³
Raumhöhen:	
	Bis 5 m
Umbaukosten je m²:	
	Ca. € 810,–

Mehr als 120 Jahre war die Spinnerei und Weberei Kollnau der wirtschaftliche Mittelpunkt des nahe Freiburg gelegenen Etztales. 1869 gegründet, fiel das traditionsreiche Unternehmen 1990 der wirtschaftlichen Krise der Textilindustrie zum Opfer; zum Zeitpunkt der Werksschließung war von einstmals 780 Beschäftigten nur noch eine Anzahl von etwa 170 Arbeitern und Arbeiterinnen übrig geblieben.

Nach einem mehrjährigen Leerstand der Fabrikationsanlagen trat 1999 mit der Firma Ganter Ladenbau ein beherzter Investor auf den Plan, der die Halle 11 – das so genannte Kraftwerk – erwarb und einen kleinen Architektenwettbewerb für die Sanierung und Umnutzung des denkmalgeschützten Gebäudes ausschrieb. Aus diesem ging das Münchner Büro Hermann + Öttl als Sieger hervor, das vom Eigentümer auch den Planungsauftrag erhielt. Sowohl hinsichtlich möglicher Nutzungsaufteilungen und Erweiterbarkeit als auch der Marktanpassung erwiesen sich die Vorschläge als für das Objekt am besten geeignet. Das Konzept der Architekten sah eine komplette Nutzung des Kraftwerks als Loft-Büros vor; neben der Eigentümerfirma selbst haben sich dort heute eine Werbeagentur und ein Studio für Food-Fotografie eingemietet. Im Erdgeschoss wurde eine etwa 300 m² große Fläche als Event-Room ausgestaltet.

Bei der Betrachtung der Aufnahmen wird klar, dass die Architekten das von ihnen selbst gesteckte Ziel voll erreicht haben – die Umnutzung eines Industriedenkmals zu schaffen, ohne ihm seinen spezifischen, industriellen Charakter zu nehmen. Unter anderem zeigt sich dies darin, dass alte Bausubstanz wie etwa die vorhandenen Stahlstützen und -träger so weit als möglich beibehalten oder, wo nötig, wieder sichtbar gemacht wurden. Im Außenbereich wurde die Fassadengestalt erhalten und saniert. Die Fenster mussten zwar aus energetischen Gründen erneuert werden, jedoch folgt die Fenstereinteilung den ursprünglichen Maßverhältnissen.

Das umgestaltete, im Äußeren sorgfältig restaurierte »Kraftwerk«. Rechts der Haupteingang.

Durch die großflächigen Wandverglasungen werden alle Innenräume über die neu eingebauten Lichthöfe mit Tageslicht versorgt, die Arbeitsatmosphäre ist daher höchst angenehm.

Auch die neu eingebrachten Elemente zeigen bewusst einen rauen, an die alte gewerbliche Nutzung erinnernden Charakter; so verlaufen die Leitungsbahnen für die Haustechnik deutlich sichtbar in Schienen aus verzinktem Stahl über den Schreibtischen. Ebenso verweisen die im Design sehr geradlinigen Hängeleuchten aus Aluminium auf den industriellen Baucharakter.

Die kreative Arbeitsatmosphäre entsteht nicht zuletzt auch durch die hervorragende Belichtungssituation; hierfür sind nicht nur die vorhandenen großen Fenster, sondern ist auch das gewählte Trennwandsystem verantwortlich. Soweit die Ateliers nicht als Großraumbüros dienen, sind die Arbeitsbereiche durch weitgehend transparente Trennwände in Stahl-Glas-Konstruktion unterteilt, die das natürliche Licht ungehindert hindurch dringen lassen. Die besonders schmalen Rahmen tragen hierzu bei.

Drei neu eingebaute, glasbedachte Lichthöfe sorgen dafür, dass allerorts im »Kraftwerk« Sonnenlicht eingefangen werden kann. In diesen Lichthöfen finden Präsentationen statt, sie dienen

Teilansicht der Fassade
mit dem Nebeneingang.
Hier ist sehr schön
zu sehen, wie gut die
neuen Fenster sich zur
restaurierten Fassade
fügen.

aber auch der Entspannung oder der
Ausrichtung von Festen. Im Oberge-
schoss werden die Lichthöfe von brü-
ckenartigen Erschließungsfluren durch-
schnitten, woraus sich interessante
Raumerlebnisse ergeben. Insgesamt:
Ein Kraftwerk mit viel Spannung und
Energie.

Rechts: Unverputztes Backsteinmauerwerk und
offen geführte Leitungs-
bahnen bewahren den
gewerblichen Charakter
des Gebäudes, sparsam
platzierte Raumteiler sorgen für die Erhaltung des
offenen Raumeindrucks.

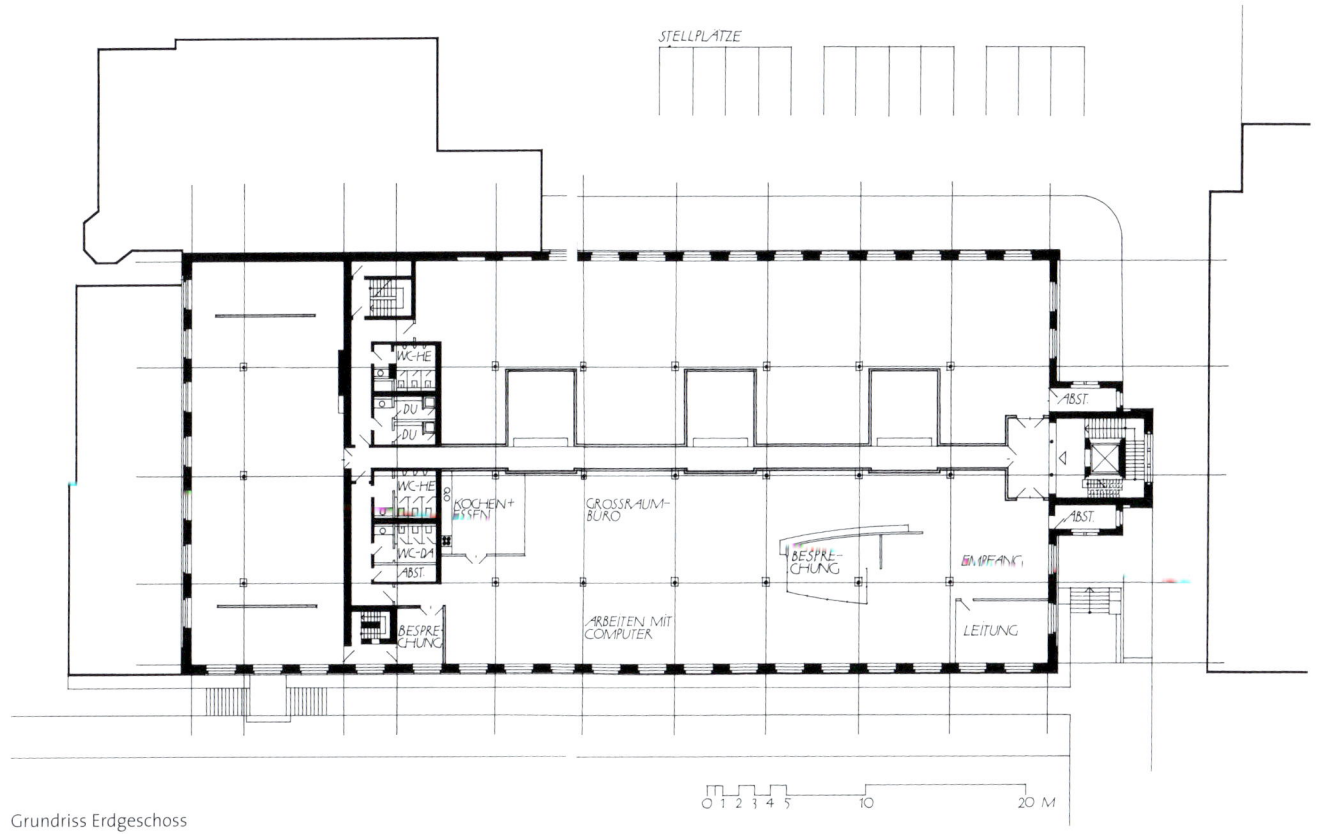

Grundriss Erdgeschoss

Rechts: Hoffassade
der ehemaligen Druck-
maschinenfabrik.
Unten: Neue, filigrane
Stahltreppe im Hinter-
hof mit ebenfalls stäh-
lerner Skulptur.

Ein Loft-Haus für Künstler und Kunstsinnige

Standort:	
	München
Architekten:	
	Abels und Bahner, München
	Norbert Abels und Hajo Bahner
Eigentümer und Vermietung:	
	Günter Hartmann, Augsburg
	Objektmanagement
Erbauungsjahr Altbau:	
	1909
Umbauzeitraum:	
	1998–2000
Wohn-/Nutzfläche Altbau:	
	Ca. 2.400 m²
Raumhöhen:	
	Ca. 3 m
Umbaukosten je m²:	
	Keine Angaben

An der belebten und multikulturell geprägten Goethestraße, unweit des Münchner Hauptbahnhofs, befindet sich ein ziegelrot leuchtendes Gebäude, das schon auf den ersten Blick als ehemaliger Industriebau kenntlich ist. Im Jahr 1909 – übrigens als erster Stahlbeton-Skelettbau Münchens! – errichtet, beherbergte das Anwesen lange Zeit die Kontorräume einer Papiergroßhandlung und eine Druckmaschinenfabrik. Die stahlverkleideten Kanten der Betonstützen, die dem Druck der schweren Maschinen standhalten mussten, zeigen noch deutlich die Spuren der industriellen Nutzung. Bei der Sanierung blieben diese Stahlverkleidungen in den meisten Räumen ganz bewusst erhalten und wurden nicht verputzt und auch nicht mit Gipskartonplatten verkleidet. Die nun hier ansässigen Kunstateliers, Architekturbüros und ein Tai-Chi-Studio wurden mit unnachahmlich »wild-schönen« Glaswänden aus Frühbeetfenstern abgeteilt.

Überhaupt atmet dieses Loft-Haus den Geist des nicht-gestylten Purismus, der es gerade für viele Künstler und Kreative besonders interessant macht.

Neben den planenden Architekten, Norbert Abels und Hajo Bahner, haben sich unter anderem auch Kunstmaler, Mediendesigner, New-Media-Agenturen und das schon erwähnte, renommierte Tai-Chi-Studio hier einquartiert. Auch eine der ersten Ausstellungsadressen Münchens für moderne, junge Kunst, der Werkraum, war bis vor kurzem hier

Durchblick vom Büro der Architekten zum neu aufgesetzten Glashaus.

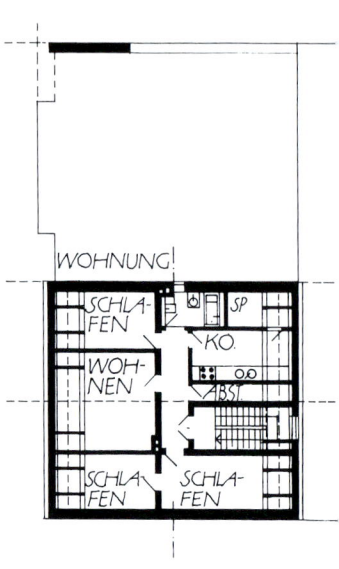

untergebracht. Neben der Atelier- und Büronutzung sind aber auch einige reine Wohn-Lofts vorhanden, die sich in Stil und Fantasiereichtum bestens in das kreative Umfeld einpassen.

Bei dem von 1998 ab etwa zwei Jahre lang andauernden Sanierungsprojekt wurde es vermieden, aus der alten Hinterhoffabrik etwas schnieke Aufpoliertes zu machen. Als leitendes Schlagwort kann man die Suche nach der »Schönheit der Wirklichkeit« benennen. Letztendlich beflügelte der eher knappe Finanzrahmen die Suche nach kreativen und gleichzeitig Ressourcen schonenden Lösungen, die der Erhaltung der alten Fabrikatmosphäre nur förderlich sein konnten. Eine der wichtigsten Aufgaben bestand darin, die durch zahlreiche vorhergehende Umbaumaßnahmen großenteils verdeckten inneren Qualitäten des Gebäudes wieder herauszuarbeiten. So entfernte man die allgegenwärtigen PVC-Beläge im Treppenhaus, befreite die vorhandenen Stahltüren von verschiedenen Anstrichschichten und legte Ziegelwände hinter Tapeten und Putz frei. Die Fassadeneinteilung und die Fenstergröße

des Gewerbebaus wurden beibehalten, die bei vorhergehenden »Sanierungsversuchen« eingebauten Fenster aus Aluminium oder Kunststoff durch Verbundglasfenster aus Stahl ersetzt. Wie sich herausstellte, entsprach die gewählte Fenstereinteilung weitgehend derjenigen zur Erbauungszeit!

Auf den hofseitigen Querriegel, dessen Dach vor Sanierungsbeginn mit Stahlblech eingedeckt war, wurde ein »Gewächshaus« aus Glas aufgesetzt, das die Architekten in einer Gärtnerei am Stadtrand gefunden und abgebaut hatten; da allerdings die Einfachverglasung gerade in der kälteren Jahreszeit allzu große Wärmeverluste mit sich gebracht hätte, verpassten die Architekten dem Glasdach eine zweite, übergestülpte Haut aus ESG-Glas. Eine außen liegende Beschattung sorgt dafür, dass das Glashaus auch an wärmeren Tagen genutzt werden kann. Eine interessante Brücke aus Lochstahl führt vom Glashaus direkt zum Architekturbüro hinüber.

Da das Sanierungsprojekt »g 34« (Goethestraße 34) vom Eigentümer und von den Architekten als ganzheitliche

Kulturanstrengung und als bewusster Mittelpunkt des Viertels verstanden wird, integrierte man auch das nach dem Zweiten Weltkrieg entstandene, dem Fabrikbau straßenseits vorgelagerte einstöckige Gebäude als Kultur-Café-Bar gap in die Gesamtplanung. In diesen ehemaligen Gründerräumen der legendären Tonbandfirma Uher finden auch zahlreiche kulturelle Veranstaltungen, Konzerte und Lesungen statt.

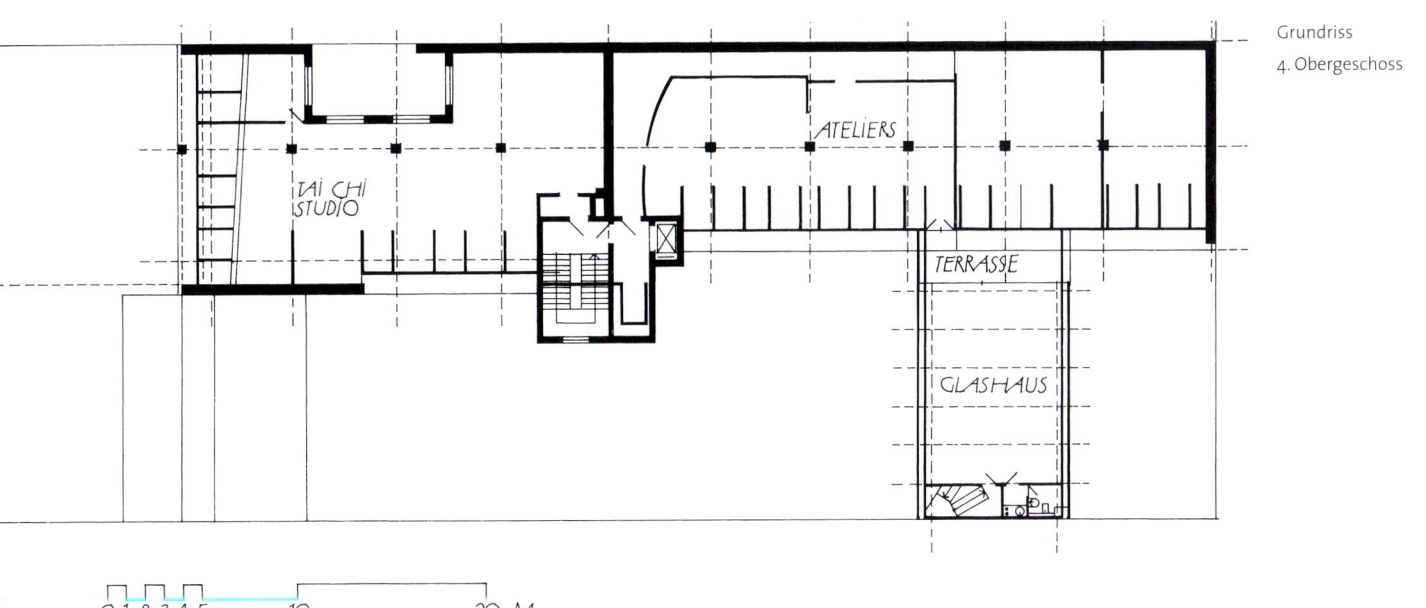

TAI CHI
STUDIO
ATELIERS
TERRASSE
GLASHAUS
0 1 2 3 4 5
10
20 M

Grundriss
4. Obergeschoss

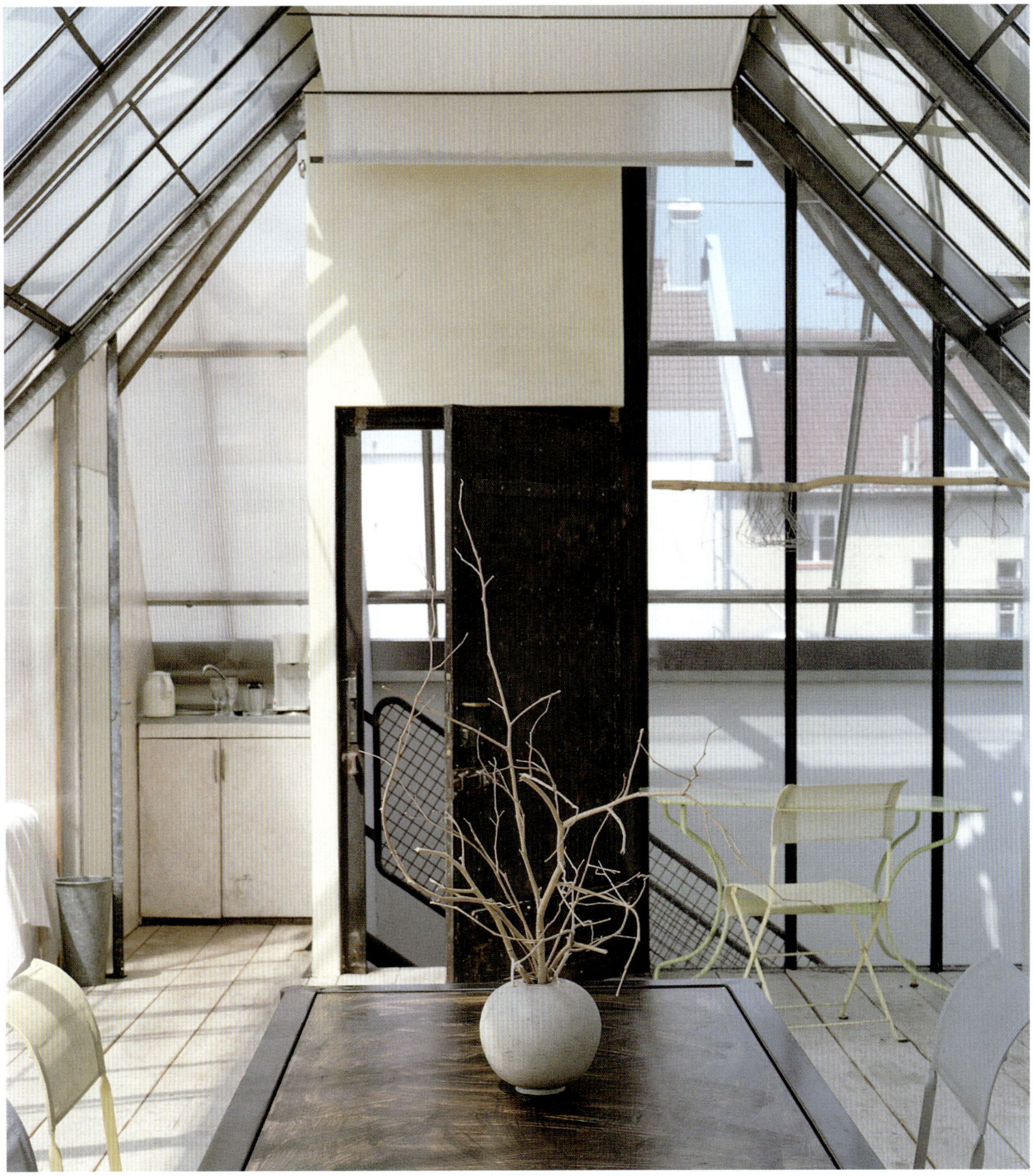

Blick vom Glashaus zum Treppenhaus. Das textile Verschattungssystem sorgt dafür, dass sich die Kraft der Sonne an heißen Tagen nicht nachteilig bemerkbar macht.

Puristische Arbeitsatmo-
sphäre für das Medien-
design-Unternehmen in
einem historischen Stahl-
betonbau.

Gleich neben dem Büro
der Architekten befindet
sich das Atelier eines
Kunstmalers. Das durch
Dachsheds einstrahlen-
de Licht schafft eine
perfekte Arbeitsatmo-
sphäre.

Im Architekturbüro: Eine Büste und Trennwände aus alten Frühbeetfenstern lassen ein puristisches Stillleben entstehen.

Franz W. Pichler vor seinen Kunstwerken.

Florian Wieder in seinem Atelier – wieder.mediendesign zeichnet übrigens unter anderem für das Bühnenbild im heute-Journal-Studio verantwortlich.

Eine Fabriketage
zum Selberplanen

Standort:	
	München
Architekten Loft:	
	Franziska und Philip Hoevels, München
Vermittlung Gesamtobjekt:	
	Loft-House Immobilien
	Gyula Turmayer
Erbauungsjahr:	
	Um 1970
Umbauzeitraum Loft:	
	2000–2001
Wohn-/Nutzfläche Loft:	
	Ca. 145 m²
Raumhöhen Loft:	
	Ca. 3 m
Umbaukosten Loft je m²:	
	Ca. € 510,–

Die hier vorgestellte Fabriketage befindet sich nahe des Münchner Stadtzentrums und unweit des Goetheplatzes in äußerst begehrter Lage. Die insgesamt fünf Lofts und Penthouses in der ehemaligen Zahnradfabrik wurden vom Bauträger grundlegend saniert, konnten dann aber in noch unausgebautem Zustand von den Käufern nach eigenen Wünschen und Vorstellungen gestaltet werden. Dies war vor allem bei Franziska und Philip Hoevels ein besonderer Glücksfall, da die beiden als studierte Architekten das perfekte Rüstzeug für die Verwirklichung dieses Projekts mitbrachten. Die Voraussetzungen waren aber auch in anderer Hinsicht perfekt: Der erworbene Loft in dem kleinen, Ende der 1960er Jahre errichteten Fabrikgebäude besaß eine Grundfläche von insgesamt 152 m² bei einer Raumhöhe von 3 m. Bei Übernahme waren alle Außenarbeiten fertiggestellt und war die Haustechnik bis zur Etage geführt; das Weitere konnte nun von den neuen Besitzern in Eigenregie veranlasst werden. Für die beiden Neu-Loft-Besitzer war von vornherein klar, dass die Größe und die räumliche Wirkung der

Fabriketage durch die Umbauplanung möglichst wenig beeinträchtigt werden sollten.

Durch einige innenarchitektonische Kunstgriffe gelang es, die vorhandene Raumwirkung des Lofts zu bewahren, ja sogar noch aufzuwerten und dabei die Nutzbarkeit und Bewohnbarkeit zu verbessern. Auf der mit vier großen Stahlfenstern belichteten Südseite befindet sich der Hauptraum mit allein ca. 80 m² Wohnfläche. Die Küche mit der geradlinig gestalteten Bar und der Essplatz sind in diesen Hauptraum integriert; ein Podest hebt den Bereich hervor, ohne das Raumerlebnis durch trennende Sichtbarrieren zu beeinträchtigen. An der Stirnseite des Hauptraums bei der Küche wurde ein Privatbereich, bestehend aus Schlafzimmer, Ankleide und großzügigem Bad, abgetrennt. Die in die Trennwand integrierten Glasflächen, teils satiniert, teils klar, lassen das Licht hindurchdringen, schotten jedoch vor Blicken ab. Die großen Glasschiebetüren können aber auch großflächig geöffnet werden, um den Loft-Raum als Ganzes erlebbar zu machen.

Fassadenansichten der früheren Zahnradfabrik nach Abschluss der Umbaumaßnahmen.

Neben den Hauptwohnbereichen entstanden auf der Nordseite in Anschluss an den Aufzugsschacht mehrere kleinere Räume, so das Bad und zwei praktische Abstellräume. Eine komfortable, klassischen New-York-Lofts nachempfundene Besonderheit ist im Übrigen, dass der Loft direkt vom Aufzug aus, ohne Umweg über das Treppenhaus, betreten werden kann. Als für Fabriketagen nicht ganz gewöhnliches Zusatz-»Zuckerl« besitzt diejenige von Franziska und Philip Hoevels eine auf dem Dach eines Nebengebäudes entstandene große Dachterrasse, die unmittelbar vom Hauptraum des Lofts zu erreichen ist – ein Stück Freiluft- und Naturerlebnis im Münchner Hinterhof!

Grundriss Obergeschoss

ANKLEI-DEN
SCHLAFEN
PFLANZENBEETE
BAD, DU WC
KOCHEN
WOHNEN
TERRASSE LIEGE- UND SITZPLATZ
SPEIS
ESSEN
DU WC
ABSTEL-LEN
ARBEITEN
LIFT
DIELE
0 1 2 3 4 5 M

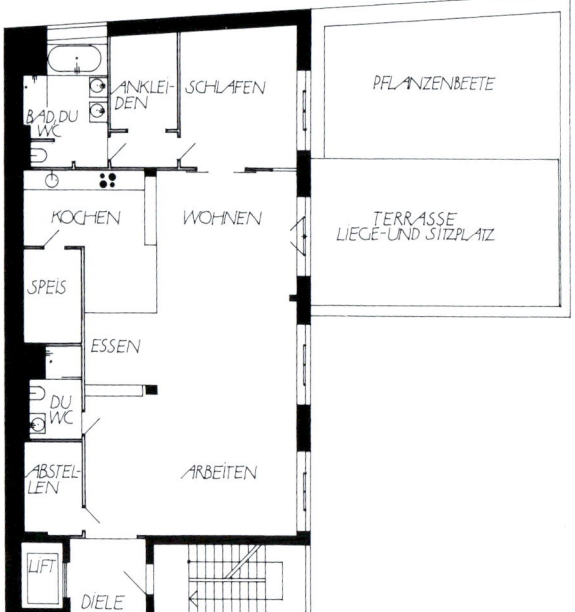

Rechts: Küche und Bar sind mit viel Edelstahl und Holz zeitgemäß geradlinig gehalten.

Lichtspiele nach Loft-Art: Die riesigen Fenster lassen das Licht und wärmende Sonnenstrahlen ungehindert herein.

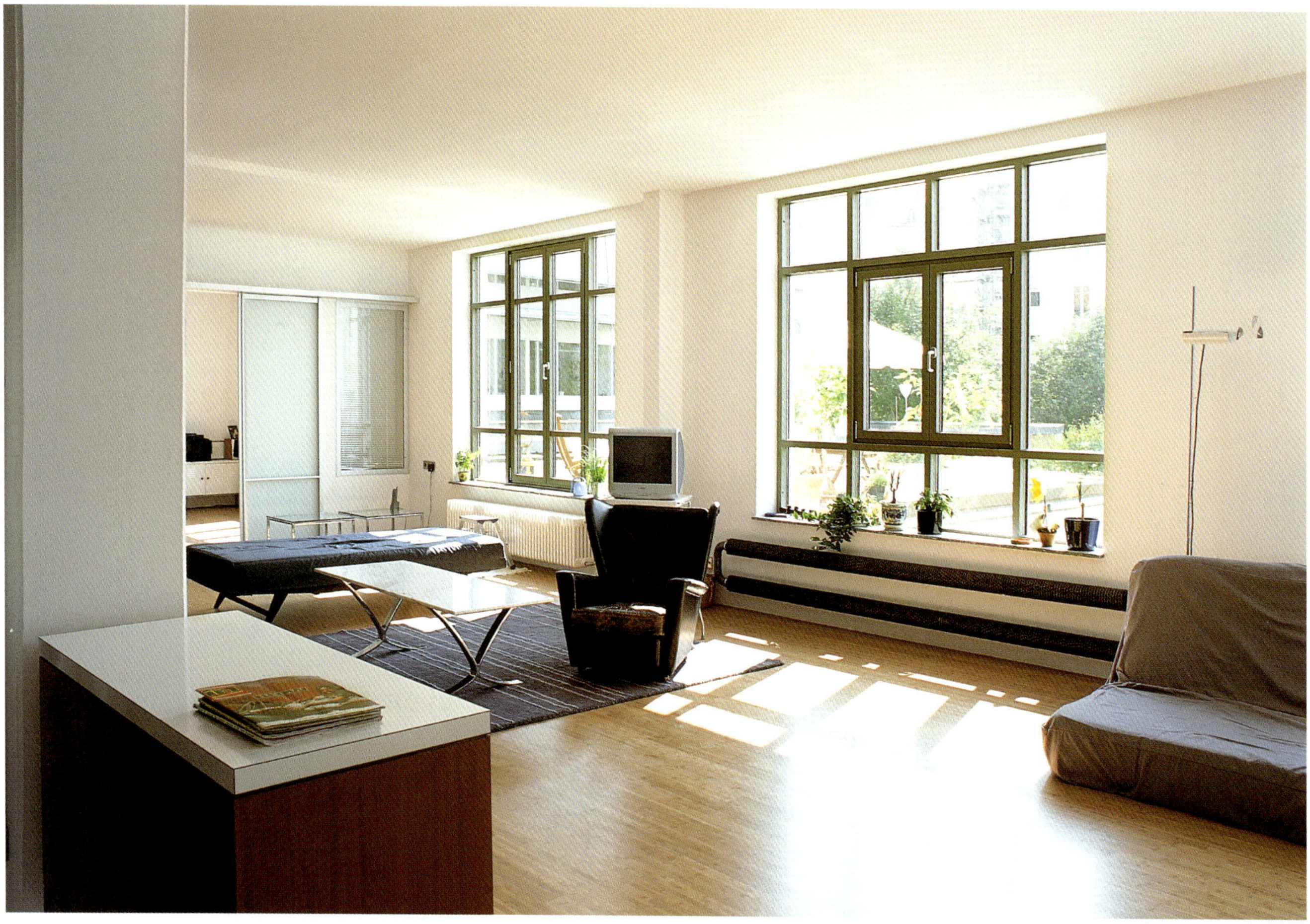

Durchblick vom Haupt-
raum zum Schlafbereich,
der mittels Schiebetüren
vollständig vom übrigen
Loft abgetrennt werden
kann.

Ein traumhaftes Terras-
senerlebnis mitten in
München.

Raue Schale, kreativer Kern

Standort:	
	München
Adresse Eigentümer:	
	Loft-House Immobilien, München
	Gyula Turmayer
Erbauungsjahr:	
	1900
Umbauzeitraum:	
	1999
Wohn-/Nutzfläche:	
	Ca. 200 m²
Rauminhalt (BRI):	
	Ca. 1.100 m³
Raumhöhen:	
	Bis 8 m
Umbaukosten je m²:	
	Keine Angaben

Wer Lofts vermittelt, sollte natürlich auch in einem solchen leben – sagte sich Gyula Turmayer, der Inhaber der Münchner Agentur Loft-House. Seit einigen Jahren hat er sich auf die Vermittlung von Lofts zum Mieten und zum Kaufen spezialisiert; die Interessenten empfängt er – wenn er nicht gerade selbst auf der Suche nach neuen Loft-Objekten unterwegs oder auf Kundenbesuch vor Ort ist – in höchst stilvollem Ambiente, nämlich in seinem persönlichen Altbau-Loft im Osten der bayerischen Metropole. Das ehemalige Kesselhaus einer Fassfabrik fand Turmayer 1997, als er auf einer Tour als Immobilien-Scout unterwegs war. Alsbald war der Entschluss gefasst, dort sowohl den neuen Lebensmittelpunkt als auch den Firmensitz einzurichten. Als Freund eines bewusst rau gehaltenen Ambiente verzichtete er auf eine mit großem Aufwand verbundene Sanierung und führte stattdessen nur technisch unabdingbare und für die vorgesehene Nutzung notwendige Renovierungsarbeiten durch. Der raue Charme des Lofts zeigt sich auch in einigen liebevoll bewahrten Hinter-

lassenschaften der Gewerbenutzung, so etwa der nach wie vor an der Hallendecke montierten Laufkatze. Vor allen Dingen aber wurden in die 8 m hohe Halle an ihren beiden Enden große Galerien zur Erweiterung des Lebens- und Arbeitsbereiches eingezogen.

Die erste der beiden Galerien umfasst Ankleide-, Fitness- und Badbereich. Die Duschwand besteht aus Glasbausteinen, für die Armaturen wurden einfachste Hebel und Griffe aus dem Installateursbedarf ausgewählt. Puristisches Prunkstück ist aber das Waschbecken, ein schräg montierter Spiegel. Die Handtücher werden auf einer Messingrolle aufgehängt, die früher als Druckwalze diente. Das Bad insgesamt ist mit einer halbtransparenten Leichtbau-Trennwand aus Plexiglas vom übrigen Loft-Raum abgetrennt.

Von der Badgalerie führt eine angemessen industriell wirkende Stahltreppe hinab, deren Geländer aus Stahlseilen bestehen. Am Fuß der Treppe zieht ein alter Zirkuswohnwagen die Blicke der Besucher auf sich, der Gyula Turmayer als Schlafgemach dient. Das hat neben dem visuellen Reiz auch

den Vorteil, dass dort sogar bei klirren-
der Winterkälte angenehme Tempera-
turen herrschen und nicht die gesamte
Riesenhalle voll mitgeheizt werden
muss. Denn nicht zuletzt »dank« der
immensen Raumhöhen und der großen, einfachverglasten Metallfenster
zieht die erzeugte Wärme in der kalten
Jahreszeit fast so schnell ab, wie sie
erzeugt wurde. Vielleicht folgt in einigen Jahren doch noch eine Komplett-
sanierung mit neuen Verbundglas-
scheiben und anderen Annehmlichkei-
ten mehr, die das Loft-Erlebnis völlig
perfekt machen... Bis dahin bleibt der
Loft ein ästhetisches Highlight mit
höchst individueller und kreativer Atmosphäre, mutig abseits von allem
Gelackten und Künstlichen.

Blick zur zweiten, dem Wohnen vorbehaltenen Galerie. Unter ihr war sogar noch genug Platz, um einen alten Zirkuswohnwagen unterzubringen.

Blick von der Wohn-
galerie zur Bürogalerie.

Linke Seite: Auf der
Wohngalerie befindet
sich ein stimmungsvol-
les Bad, ausgestattet
mit einfachsten Mate-
rialien industrieller
Provenienz.

Als Waschtisch dient
ein Spiegel, als Handtuch-
halter eine alte Druck-
walze.

Kunstwerke und Mobi-
liar unterschiedlichster
Stilrichtungen und Her-
kunft kombinieren sich
in diesem Loft zu einem
faszinierend gelungenen
Ganzen.

Wohnloft-Erlebnis
in der ehemaligen Stadtmühle

Standort:

   Graz

Architekt:

   Hans Gangoly, Graz

   Projektmitarbeiter: Ida Pirstinger,

   Therese Janeschitz-Kriegl

Bauherr und Vermietung:

   Albin Sorger, Graz

Erbauungsjahr:

   1880

Umbauzeitraum:

   1998–1999

Nutzfläche Altbau:

   1.620 m²

Raumhöhen:

   3,30 m und darüber

Umbaukosten je m²:

   Ca. € 1.400,–

Wie in so manch anderem Fall, kam es auch bei der Sanierung der Grazer Stadt- oder Sorgermühle ganz anders, als Bauherr und Planer ursprünglich einmal gedacht hatten. Zu Beginn der planerischen Überlegungen standen recht konventionelle Gedanken, die die Entkernung der Innenräume und den Einbau kleiner Zwei- und Drei-Zimmer-Wohnungen mit sich gebracht hätten. Dass aus diesem Projekt heute im Gegensatz dazu etwas höchst Ungewöhnliches und Besonderes geworden ist, lässt sich bei der Betrachtung der Innenraumaufnahmen unschwer nachvollziehen.

Der Sinneswandel von Bauherr und Architekt vollzog sich in Folge der Tatsache, dass die in der zweiten Hälfte des 19. Jahrhunderts errichtete Stadtmühle im Jahr 1995 vom Österreichischen Bundesdenkmalamt unter Denkmalschutz gestellt wurde; trotz anfänglicher Verunsicherung raufte man sich dann gemeinsam zu einem völlig neuen Planungsansatz zusammen, der den Erhalt des mächtigen, über fünf Geschosse reichenden Holztragwerks und eine komplett andere Grundriss-

Das frühere Mühlenge-
bäude – im neuen Glanz
mit dem alten Mühlbach.

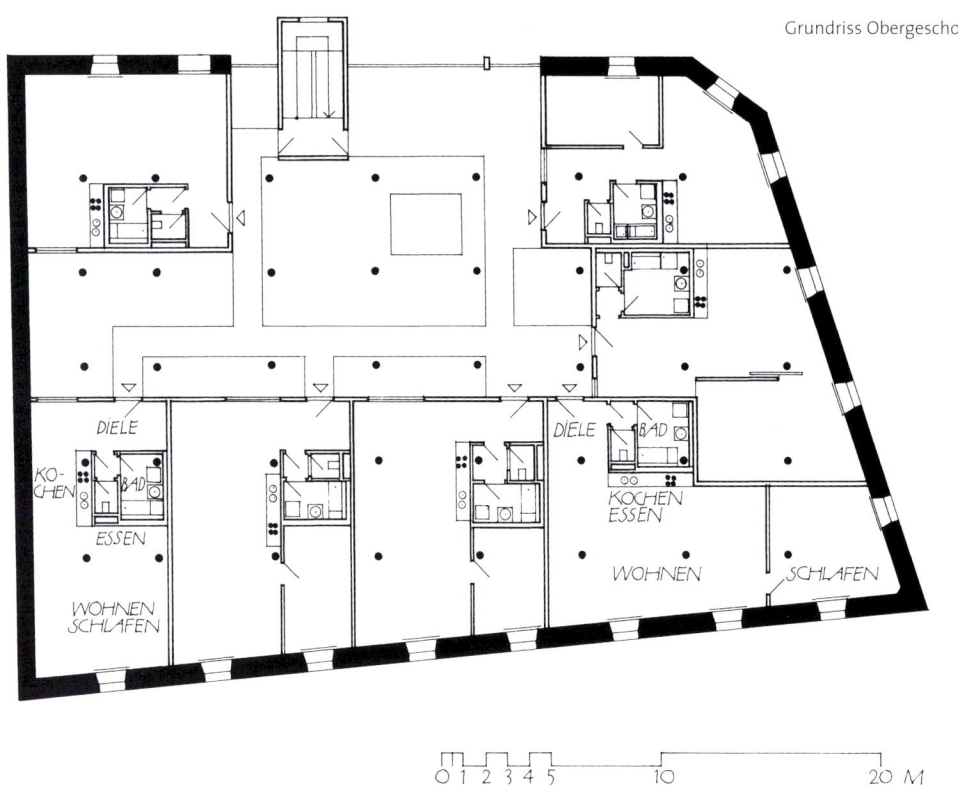

DIELE

KO-
CHEN

BAD

ESSEN

WOHNEN
SCHLAFEN

DIELE

BAD

KOCHEN
ESSEN

WOHNEN

SCHLAFEN

0 1 2 3 4 5   10   20 M

Im gemeinsamen Innen-
hof. Die Belichtung über
Dachverglasungen bringt
viel Helligkeit ins Haus,
filigrane Stahlbrücken
fügen sich unauffällig
ein.

gestaltung und Nutzung beinhaltete.
An Stelle vieler kleiner Wohneinheiten
wurden nun große, stimmungsvolle
Wohn-Lofts verwirklicht, die ihren besonderen Reiz aus den enormen Raumhöhen von 3,60 m und mehr sowie aus
der visuellen Präsenz der unverschalten,
alten Holzstützen und -balken beziehen. Auf Verschalungen – etwa durch
Gipskartonplatten – wurde ganz bewusst verzichtet. Eingestellte Sanitär-
boxen, die gleichzeitig Küche, Ess- und
Wohnbereich vom Schlafbereich trennen, lassen den oberen Raumteil bis
zur Decke frei, die Gesamtwirkung der
Lofts bleibt transparent und offen.

Alte Holzstützen und
-balken schaffen zusam-
men mit der sparsamen,
modernen Möblierung
eine wunderbare Wohn-
atmosphäre.

Auch in den Erschließungsebenen
bildet das Holztragwerk den imposanten gestalterischen Mittelpunkt des
Bauwerks. Es musste lediglich im Erdgeschoss abgetragen werden, da es in
diesem Bereich marode war. Über dem
Erdgeschoss, das heute Nebenräume
und Garagen aufnimmt, wurde dann
eine neue Betondecke eingezogen. Über
ein neues betoniertes Treppenhaus
erreicht man nun den auf der Ebene
des 1. Obergeschosses liegenden großen Hof. Die Lofts sind um diesen offenen Hofbereich gruppiert, der über alle
vier Wohngeschosse reicht. Von einem
Glasdach überdeckt, bietet der Hofbereich die viel genutzte Möglichkeit
zum gemeinschaftlichen Leben und
zum Austausch unter den Bewohnern.
   Die Attraktivität der Wohn-Lofts
und das innerstädtische Umfeld haben
schnell viele vor allem junge Leute
angezogen, die heute mit großer Leiden-
schaft in der ehemaligen Mühle wohnen – darunter DJs, Künstler und Kul-
turschaffende, Architekturstudenten/-
innen und Softwareentwickler. In einer
selbst für Lofts sagenhaft kurzen Zeit
waren alle 22 Lofts vermietet, weit

121

Detailansichten im
überdachten Innenhof.

mehr Interessenten hatten sich insge-
samt eingefunden. Im hausinternen
Sprachgebrauch hat das ehemalige
Mühlen- und Lagergebäude bereits den
Namen »Melrose Place« erhalten – ein
Beleg dafür, wie wohl man sich hier
zusammen fühlt.

Dieses 1995 in der Planung begon-
nene und Ende 1999 abgeschlossene
Projekt ist nicht zuletzt deshalb sehr
bemerkenswert, weil sich hier ein
bereits älterer Bauherr, Albin Sorger,
zusammen mit seinem Architekten
Hans Gangoly zur Umsetzung eines
bewusst für jüngere anspruchsvolle
Bewohner bestimmten Sanierungspro-
jekts entschlossen hat. Die Stadt Graz
ist damit um ein wahres Architektur-
ereignis reicher.

Loftstimmung im
Kinderzimmer.

Wunderbar wohnen
in der Kunstgalerie

Standort:	
	Wien
Architekt Loft:	
	Udo Huber, Graz
Architekten Generalsanierung:	
	Eichinger oder Knechtl, Wien
Erbauungsjahr Altbau:	
	Um 1900
Umbauzeitraum:	
	Generalsanierung 1994,
	Loft-Umbau 1998
Wohnfläche Loft:	
	Ca. 225 m²
Raumhöhe:	
	3,20 m
Umbaukosten je m²:	
	Ca. € 500,–

Dass Bewohner der österreichischen Hauptstadt nicht nur anders, sondern auch kreativer als andere Menschen sind, wird immer wieder behauptet und nicht immer ganz geglaubt. Jedoch trifft dies auf jeden Fall für den Eigentümer des hier vorgestellten Wunder-Lofts im dritten Wiener Bezirk zu. Zusammen mit seinem Architekten Udo Huber schuf er in den obersten Stockwerken einer ehemaligen Brotfabrik sein ganz persönliches Wohn- und Kunstparadies. Hervorragende zeitgenössische Kunst aus den Bereichen Skulptur und Malerei wird hier in einem wahrlich großartigen Rahmen präsentiert.

Die um 1900 erbaute ehemalige Maßstab-Fabrik wurde 1994 vom Wiener Architektenduo Eichinger oder Knechtl revitalisiert; die damals entstandenen typischen Lofts sind von traditionellem Backstein-Mauerwerk, großflächigen Fensterfronten sowie der Präsenz von Stahlträgern und Stahlsäulen im Innenraum geprägt. Da die Lofts für den weiteren Ausbau nur mit der grundlegenden Gebäudetechnik versehen waren, konnten dann die Käufer der einzelnen

Einheiten ihren Besitz vollständig nach ihrem persönlichen Geschmack einrichten.

Der Kunstsammler und Kunsthändler Philip Konzett fand im 4. Obergeschoss das Objekt seiner Wünsche, das mit seiner Gesamtnutzfläche von 225 m² sowohl einen spannungsvollen Rahmen für die Präsentation seiner Kunstwerke als auch ausreichend Platz für die Verwirklichung aller Wohnansprüche bot. Ziel aller weiteren Maßnahmen sollte es sein, mit einer klaren und zurückhaltenden Architektur eine perfekte Bühne für die Darstellung der Kunstobjekte zu schaffen.

Da der grundsanierte Loft bereits einen Großraum und zwei kleine abgetrennte Zimmer aufwies, behielt man diese Aufteilung beim weiteren Innenausbau bei. Während der große, nur durch flexible Raumteiler strukturierte Raum dem Wohnen und der Präsentation der Kunst dient, sind in den beiden separaten Räumen heute der Schlaf- und der Sanitärbereich untergebracht. Ein neu eingebautes Glaselement sorgt dafür, dass die Durchgängigkeit des Raumeindrucks zwischen

Durchblick mit Glaswand zwischen Bad und Treppenhaus.

Im Treppenhaus bilden die neuen Stahlstiegen eine Raumskulptur für sich.

Hauptraum und Nebenräumen erhalten bleibt. Dem Schlafraum wurde ein roter Kubus vorgesetzt; im Bad kontrastiert das sich dort widerspiegelnde Rot mit dem Grün des Glasmosaikbodens. Im rückwärtigen Teil des Hauptraums wurde zum einen ein Archiv abgetrennt, zum anderen die Kochzeile eingebaut. Die alte industriell-gewerbliche Atmosphäre wird durch den mit grauer Betonversiegelung versehenen Industriefußboden noch unterstrichen.

Um dem insgesamt schon großartigen Loft-Eindruck »noch eins draufzusetzen«, wurde ein bis dato ungenutzter Dachraum über der Haupttreppe zur Sauna ausgebaut; der Saunabereich und die auf den Hinterhof hinausgehende, ruhige Dachterrasse sind durch eine neue Spindeltreppe aus Stahl erschlossen.

Atelier und Wohn-Loft
in einem: Die Gemälde
und Skulpturen kommen
in diesem riesigen Raum
perfekt zur Geltung.

Blick vom Schlafzimmer
zum Hauptraum.

Grundriss 3. Obergeschoss

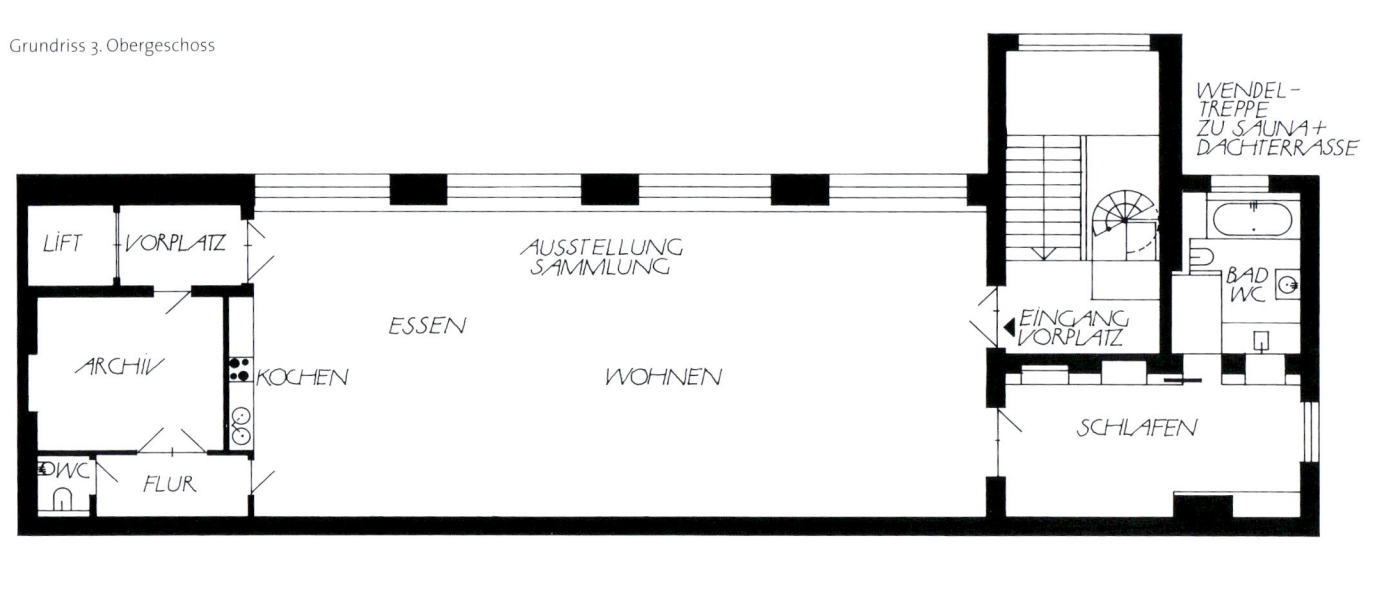

Witzige Verwahrung
für notwendige Helfer.
Rechts der Durchgang
zum Schlafzimmer.

Die metaphysische Tuchfabrik

Standort:	
	Linz
Architekten:	
	Schremmer und Jell, A-Linz
	Helga und Bernhard Schremmer,
	Siegfried Jell
Erbauungsjahr Altbau:	
	1907–1908
Umbauzeitraum:	
	1997–1999
Wohn-/Nutzfläche:	
	Lofts bis 150 m²,
	Kirche 600 m²
Raumhöhen Lofts:	
	Über 4 m
Umbaukosten je m²:	
	Keine Angaben

Bereits in vielen Fällen haben gelungene Umnutzungen von Industriedenkmälern zur Wiederbelebung ihrer Umgebung beigetragen. Auch viele der in diesem Buch vorgestellten Projekte können dafür als hervorragende Beispiele dienen. Was die Sanierung der ehemaligen Tuchfabrik in Linz allerdings einzigartig macht, ist das höchst ungewöhnliche Nutzungskonzept: Gelegen inmitten eines Stadtteils, der am ehesten mit dem Begriff Trabantenstadt zu beschreiben und durch ein sozial problematisches Umfeld gekennzeichnet ist, bot sich die zu Beginn der 1980er Jahre geschlossene Fabrik für einen fortschrittlichen Pfarrer, Christian Öhler, als Zentrum der Seelsorge und als Standort einer Kirche an; engagiert verfocht er diese Nutzungsidee, die durch die gelungene Umbauplanung des Linzer Architekturbüros Schremmer und Jell ermöglicht wurde.

Bereits 1991 war das Büro aus einem Architektenwettbewerb für die Überplanung des Gesamtareals als Sieger hervorgegangen; als erster Schritt wurde dann bis 1997 die Wohn- und Bürobebauung »Wohnpark Tuchfabrik«

Fassadenansicht der Fabrik nach der Sanierung. Unten: Die Lofts bieten viel Platz – auch zur musikalischen Entfaltung. Neue Galerien sorgen für zusätzlichen Raum.

durchgeführt. Im Anschluss folgte die Sanierung und Umnutzung der ehemaligen Tuchfabrik Himmelreich und Zwicker, die in den Jahren 1907 bis

1908 im Talbereich der Traun errichtet worden war.

Diese Tuchfabrik hat für Linz besondere Bedeutung als eines der letzten, weitgehend unverändert erhaltenen Zeugnisse der Industriegeschichte um die Wende vom 19. zum 20. Jahrhundert. Denkmalpflegerisch wertvoll ist die Anlage zusätzlich durch das weitgehend intakte historische Umfeld, so die historischen Kanal- und Wehranlagen. Diese speziellen Wertigkeiten wie auch die Altbausubstanz der Tuchfabrik selbst sollten bei der Sanierung wo immer möglich erhalten bleiben. Auch Relikte der industriellen Nutzung wurden erhalten: der alte Fabrikschlot bildet heute den Blickfang auf dem Kirchenvorplatz.

Neben der im Erdgeschoss untergebrachten »Kirche in der Tuchfabrik« entstanden in den oberen Geschossen 22 Lofts sowie im Erdgeschossbereich ein Lebensmittelgeschäft. Für Leib wie auch Seele der Loft-Bewohner ist somit also gesorgt! Das Raumerlebnis in den teils auch als Büros genutzten Lofts mit Raumhöhen von mehr als 4 Metern ist hervorragend; in vielen der bis 150 m² großen Lofts wurden zusätzliche Galerien eingebaut, die die zur Verfügung stehenden Raumhöhen optimal ausnutzen lassen. Wundervolle Blickfänge der Lofts sind die im typischen Stil des ausgehenden Historismus gestalteten, gusseisernen Stützen.

Im angrenzenden früheren Turbinenhaus sollen noch ein Pfarrsaal, das Pfarrbüro, ein Café und ein Jugendzentrum eingerichtet werden.

Der 600 m² große Kirchenraum ist ein Zentralraum, der in seiner Atmosphäre von der Mehrschichtigkeit seiner Hülle und der Belichtung von oben lebt. Das Licht fällt aus einem mächtigen, sich über alle darüber liegenden Gebäudeebenen erstreckenden Schacht direkt auf den Altar. Der Schacht wird von einer zur Skulptur gewordenen Tragstruktur durchkreuzt. Um den Zentralraum erhalten zu können, mussten zwei der Säulenreihen aus Stahl entfernt werden. Fünf Meter hohe, verschiebbare Glaswände bilden im Kircheninneren einen Kreuzgang. Die Gestaltung des Raumes und die Erlebbarkeit der Transparenz kann durchaus auch als Vorbild für die Gestaltung großer

Wohn-Lofts dienen. Die Sanierung der früheren Tuchfabrik gelang höchst überzeugend und fand daher nicht nur bei den Bewohnern der dort entstandenen Lofts viel Beifall, sondern wurde auch mit großzügigen Fördermitteln bedacht. Allein die Stadt Linz steuerte 5,5 Mio. ÖS aus dem Stadterneuerungsfonds bei.

Neues Wohnen und Arbeiten in einer ehemaligen Zigarrenfabrik

Standort:

Zürich

Architekten:

bkf architektur ag, CH-Zürich

Andrea Barben, Jörg Koch, Claudio Fries

(vormals Fahrländer und Fries)

Bauherrenschaft und Vermietung:

Stiftung PWG, CH-Zürich

Erbauungsjahr Altbau:

1931

Umbauzeitraum:

1998–1999

Wohn-/Nutzfläche:

Ca. 1.900 m² Wohnen

zzgl. ca. 440 m² Gewerbe

Rauminhalt (BRI):

Ca. 13.000 m³

Umbaukosten je m²:

Ca. SFR 2.240.–

Im Zürcher Stadtteil Wollishofen erstand die in den 1980er Jahren stillgelegte Zigarrenfabrik Weber zu neuem Leben. Zwar qualmen hier an der Nidelbadstraße heute weder Schlote noch Zigarren, aber zahlreiche Bewohner und Familien genießen den spezifischen Charakter des ehemaligen Gewerbebaus. Die ruhige Wohnlage und das attraktive Umfeld trugen dazu bei, dass die Loft-Wohnungen mit meist 4–5 Zimmern sowie die Dach-Lofts in kürzester Zeit ihre Mieter fanden. Im Erdgeschoss entstanden zusätzlich 450 m² Büro- und Atelierflächen, die flexibel unterteilbar sind.

Die letztlich mit der Umbauplanung beauftragten Architekten, Kaspar Fahrländer und Claudio Fries, setzten sich in einem von der Bauherrenschaft ausgeschriebenen Studienauftrag, einem kleinen Wettbewerb, gegen vier weitere Büros durch. Die Planung begann 1997, die Bauarbeiten dauerten von 1998 bis 1999.

1931 erbaut, zeigen die Fabrikationsgebäude mit der ruhigen Fassadengliederung, den Fenstereinteilungen und den vorherrschenden Flachdächern deutlich die Kennzeichen im besten Sinne klassisch-moderner Gewerbearchitektur. Der Komplex der ehemaligen Zigarrenfabrik besteht aus einem L-förmigen Fabrikationsbetrieb und einem Lagergebäude mit quadratischem Grundriss. Im Lauf der Zeit wurden diese beiden Baukörper durch mehrere An-, Auf- und Zwischenbauten ergänzt. Diese Erweiterungen beeinträchtigten nicht nur das architektonische Erscheinungsbild, sondern auch die Belichtung der nordwestseits gelegenen Räume der älteren Bauteile. Insofern erschien es für die Planer und die Bauherrenschaft nur logisch, bei der Sanierung den Großteil der Erweiterungsbauten abzureißen. Neben den ursprünglichen Fabrik- und Lagergebäuden

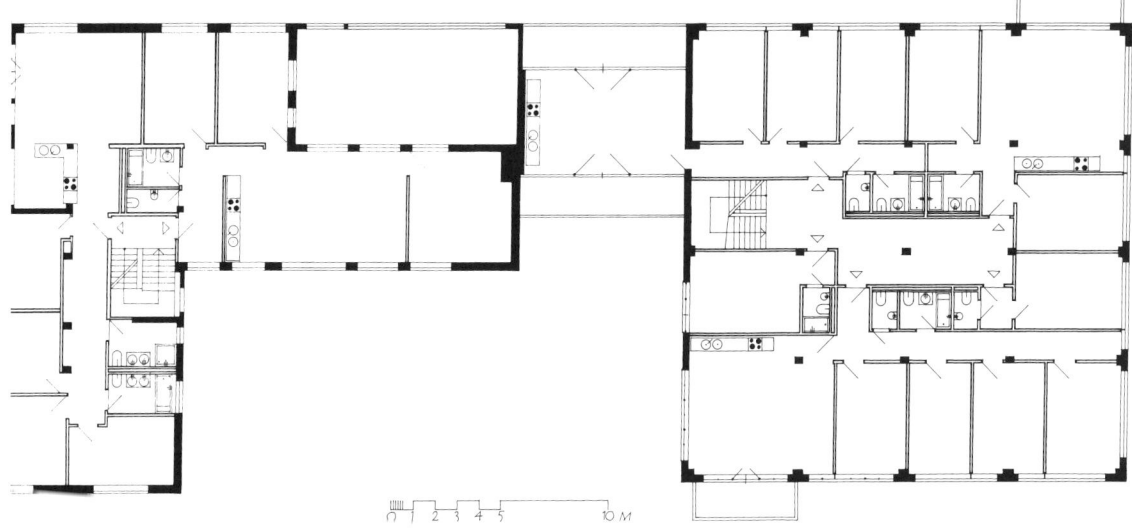

Grundriss 2. Obergeschoss

Nach dem Umbau ist
die Qualität der Innen-
räume wieder erlebbar.

verblieben lediglich die vorgelagerten eingeschossigen Anbauten.

Als neuer Bauteil entstand zunächst ein Zwischenbau in leichter Stahl-Glas-Konstruktion, der ehemalige Fabrik und ehemaliges Lagerhaus verbindet, dabei aber einen erdgeschossigen freien Durchgang offen lässt. Auf dem Grund des früheren Lagergebäudes entstand ein gestalterisch mit dem Zwischenbau verbundenes, lichtdurchflutetes Attika-Geschoss, in dem drei höchst attraktive Loft-Wohnungen untergebracht wurden. Großzügige Dachterrassen sind diesen Attika-Lofts vorgelagert. Die beiden Hauptgebäude sind aufgrund der einheitlichen Gestaltungsmerkmale als homogene architektonische Einheit begreifbar.

Auch im Inneren stellte sich den Architekten bedingt durch verschiedene misslungene Umnutzungsversuche der vergangenen Jahrzehnte die schwierige Aufgabe, aus dem nahezu labyrinthartigen Raumgeflecht wieder eine klare innere Struktur herauszuarbeiten. Dazu mussten mit Ausnahme der Tragstruktur und der Treppenhäuser nahezu alle Einbauten entfernt werden –

immer mit dem Ziel, die Qualitäten der einfachen und klaren Industriearchitektur wieder sichtbar und erlebbar zu machen. Die großen Fassadenöffnungen und die Fenstereinteilungen blieben dabei erhalten. Die entstandenen Loft-Wohnungen werden durch kleinere, Atelierräume ergänzt, die gemeinschaftlich genutzt oder auch dem einen oder anderen Loft zugeschlagen werden können. Durch die durchdachte Gestaltung der Grundrisse war es möglich, das Raster des Betonskelettbaus wieder deutlich erfahrbar zu machen. Die großen Fenster sorgen für eine loft-typische, hervorragende Belichtung der Räume.

Entsprechend den ökologisch ausgerichteten Zielen des Bauherrn, der Stiftung PWG, wurde bei der Auswahl der Materialien besonders auf Ressourcenschonung und Umweltverträglichkeit geachtet. Decken und Unterzüge wurden wo immer möglich roh belassen oder mit Roheit ausstrahlendem, aus dem Industriebau stammenden Material oder einfachen Baustoffen wie Hartbetonböden, eingefärbtem Industrieparkett oder Sumpfkalk versehen.

Die Wohnräume erhielten alle Eschenholz-Parkettböden, die mit einem grauschwarz pigmentierten Öl behandelt wurden. Zurückhaltende Innenanstriche in Grau und Weiß unterstreichen die einfache, industrielle Atmosphäre der Gebäude. Im Außenbereich wurde das ursprüngliche Weinrot der Hauptgebäude wieder aufgenommen.

Eine Schiffbauhalle
als Kulturereignis

Standort:	
	Zürich
Architekten:	
	Ortner & Ortner, Wien
	Manfred und Laurids Ortner
Erbauungsjahr Altbau:	
	1891
Umbauzeitraum:	
	1999–2000
Nutzfläche Altbau:	
	5.660 m²
Rauminhalt Altbau (BRI):	
	42.950 m³
Raumhöhen Altbau:	
	Bis 12 m
Umbaukosten je m²:	
	Ca. SFR 3.000,–

Neben der Überplanung des Sulzer-Areals in Winterthur, mit der Jean Nouvel beauftragt war, gehören die Sanierung und Umnutzung der Schiffbauhalle in Zürich sicherlich zu den überregional bekanntesten Sanierungs- und Umnutzungsprojekten der Schweiz. Die Wiener Architekten Ortner & Ortner verwirklichten auf dem Sulzer-Escher-Wyss-Areal, wo vormals einige Tausend Arbeiter beschäftigt gewesen waren, das ambitionierte Projekt eines neuen Kultur- und Werkzentrums für das Zürcher Schauspielhaus. Die Notwendigkeit dafür hatte sich ergeben, da die bisher weit verstreuten Werkstätten, Ateliers und Probebühnen einen zu großen Zeit- und Finanzaufwand mit sich gebracht hatten. Mit diesem Projekt sollten nun alle Funktionen und Spielstätten des Schauspielhauses an einem Ort zusammengeführt werden. Aus dem hierfür ausgeschriebenen Wettbewerb gingen Ortner & Ortner als einstimmige Sieger hervor.

Die bestehende, aber nicht mehr genutzte große Schiffbauhalle war das Herzstück des 1805 gegründeten Unternehmens Escher-Wyss, das sich aus einer mechanischen Baumwollspinnerei zu einem großen Konzern der Schwerindustrie entwickelte. Zu Glanzzeiten des später in Sulzer-Escher-Wyss umbenannten Unternehmens wurden in der Schiffbauhalle Dampfschiffe für die Alpenseen ebenso wie für Donau, Gardasee und Amazonas entwickelt und gebaut. Ein hier im Jahr 1909 fertiggestelltes Dampfschiff, die »Stadt Zürich«, verkehrt heute immer noch auf dem Zürichsee! Mit dem Neubau eines Werkes in der Hard, einem damals am Rand von Zürich gelegenen Stadtteil, entstand 1891 auch die Kesselschmiede oder Schiffbauhalle. Im zugehörigen Nietturm konnten auch größte Werkstücke von den Arbeitern im Stehen genietet werden. Trotz aller Fortschrittlichkeit erlebte das Unternehmen im 20. Jahrhundert mehrere große Krisen, deren letzte dann zur Einstellung der Produktion führte, damit aber auch Chancen für neue Nutzungen bot.

Das von Ortner & Ortner realisierte Projekt nutzt die Schiffbauhalle als großes Foyer und gleichsam als Zentral-

Blick auf die Schiffbau-
halle und den dahinter
liegenden Neubau-
komplex.

Eingang der Halle nach
dem Umbau.

Der Raumeindruck der Halle blieb nicht zuletzt dank der transparenten, großflächig verglasten Wände vollständig erhalten.

Alte Elemente der Haus-
technik wurden belassen.

137

Im Restaurant Lasalle.

bereich, von dem aus alle hier versammelten Einrichtungen erschlossen werden – so das Hallentheater, das Jazzforum Moods, das Studio-Theater Box und das Restaurant Lasalle mit der Nietturm-Bar, wo mit höchster Kreativität für das leibliche Wohl der Theater- und Musikenthusiasten gesorgt wird. Durch ein Guckfenster kann der Besucher den Köchen vom Foyer aus bei der Arbeit zusehen! Ferner erschließt die alte Schiffbauhalle das neu errichtete Gebäude mit dem Namen Schiffbau 10, in dem sich eine Kooperation dreier Dienstleistungsunternehmen zusammengefunden hat, und das ebenfalls neu erbaute zentrale Werkstatt- und Bürogebäude des Schauspielhauses mit den darüber angeordneten Wohnbereichen. Der Schiffbau wurde mit einem großen Fest im September 2000 eröffnet.

Sanierung und Umbau der Halle stellten die Gebrüder Ortner vor die Aufgabe, dass das Alte und dessen Spuren bewahrt und sichtbar gehalten werden sollten. Keine Schmauchränder sollten übertüncht, keine abgeschlagenen Kanten geglättet werden. Dies

zeigt sich nirgendwo besser als im Hallentheater, dessen Wände noch immer die alten Schaltkästen, Elekroleitungen und abgeblätterte Industriepatina zeigen. Alle neuen Bauteile sind als autonome Elemente in den Raum gestellt, um Alt und Neu gleichwertig für sich und doch als überzeugende Gesamtheit wirken zu lassen. Hier findet die Wiederbelebung historischer Architektur »ohne verklärende Behübschung« (O-Ton Ortner & Ortner) statt, hier hat man Mut zur unkompromisslerischen Eindeutigkeit. Die Gesamtwirkung des kirchenschiffartigen Raumes wird durch die Verwendung großer Glasflächen und möglichst dünner Stahlrahmenprofile bewahrt. Alte Halle und neue Architekturelemente vereinigen sich so ganz natürlich zu einem höchst lebendigen, kulturoffenen Gesamtkunstwerk, das auch den Anstoß für die Neubelebung eines zuvor vor sich hin dämmernden Stadtteils gab.

Eingestellte Boxen aus Stahlbeton wie etwa für die Küche des Restaurants lassen ihren Neubaucharakter ganz ehrlich erkennen.

Im Hallentheater lässt sich der Respekt vor den Spuren der Geschichte nachvollziehen.

Wohn-Lofts
in einer ehemaligen Spinnerei

Die frühere Spinnerei
mit der alten Brücke.

Standort:

   Jona

Architekten:

   Broggi + Santschi Architekten, Zürich

Bauherren, Verkauf und Information:

   Spinnerei Jona, Jona

   Braendlin AG

Erbauungsjahr Altbau:

   Um 1830

Umbauzeitraum:

   1998–1999

Wohnfläche Lofts:

   Bis 340 m²

Raumhöhen:

   Bis 5 m

Umbaukosten je m²:

   Keine Angaben

Wie in vielen anderen Fällen musste auch im schweizerischen Jona, das unmittelbar bei Rapperswil am Zürichsee liegt, die Textilindustrie dem Konkurrenzdruck Tribut zollen. Die Spinnerei Braendlin schloss Mitte der 1990er Jahre ihre Tore. Gleichzeitig war dies aber ein Glücksfall für zahlreiche Loft-Bewohner, die heute alleine, zu zweit oder mit ihren Familien in diesen Komplex eingezogen sind. Dieser Glücksfall wurde durch die Eigentümer, Familie Braendlin, ermöglicht, die den Wert der alten Industriebauten erkannten und diese in enger Zusammenarbeit mit den örtlichen Behörden und der Kantonalen Denkmalpflege sanierten. Um zum bestmöglichen Ergebnis zu kommen, wurden im Verlauf der Umnutzungsplanung mehrere Architekten konsultiert, bis schließlich das Projekt von Broggi + Santschi Architekten von der Bauherrenschaft ausgewählt und zusammen mit der Generalunternehmung verwirklicht wurde.

Obgleich nicht im unmittelbaren Einzugsbereich von Zürich gelegen, fanden die in der ehemaligen Textilfabrik entstandenen 21 Lofts schnell Interessenten und Käufer, was beim heiß umkämpften Zürcher Wohnungsmarkt nicht verwundert. Ein weiterer Grund hierfür war sicherlich nicht zuletzt, dass bei der Sanierung der Charme des Industriellen trotz aller notwendigen Anpassungsmaßnahmen erhalten geblieben ist. Die Fassade mit ihren regelmäßigen Fenstereinteilungen blieb

befindliche Turbinenhaus mit Wasser versorgt. Jenseits des Kanals, der von wildem Grün umsäumt ist, harren weitere Gebäude ihrer bereits geplanten Sanierung. Auch in der alten Papiermühle aus dem 17. Jahrhundert und den ehemaligen Kosthäusern werden in absehbarer Zeit Lofts und Ateliers entstehen.

Aufgrund der einzigartigen Wohnqualität und des nicht minder attraktiven, grünen Umfelds hat sich in den zahlreichen Loft-Wohnungen eine bunte Mischung von Bewohnern zusammengefunden – vom Schlagzeuger über Architekten und gut verdienende junge Paare bis zu vielen Familien mit Kindern. Die entstandenen »Wohnungen« besitzen bis zu 175 m² Wohnfläche bei einer Raumhöhe von bis zu 3,20 m. Die Atmosphäre der Lofts ist also durchgehend beeindruckend, wobei der zentrale Dach-Loft allerdings im wahrsten Sinne die Krönung des Loft-Erlebnisses darstellt: Auf über 340 m² Wohnfläche und einer Dachstuhlhöhe von bis zu 5 Metern blickt man in ein labyrinthartiges Holztragwerk, das bei der Sanierung praktisch vollständig

ebenso erhalten wie das Spitzdach mit seiner frei tragenden Dachkonstruktion aus Holz, die in den Dach-Lofts immens das Wohn- und Raumgefühl mit bestimmt. Die mächtigen Stützen des Tragwerks in den ehemaligen Spinnereisälen mussten zwar bei der Sanierung entfernt werden, wurden aber durch neue Exemplare aus Eichenholz

ersetzt. Zur Steigerung der Wohnqualität tragen zusätzliche vorgestellte Stahlbalkone bei, die das bauliche Gefüge und das optische Erscheinungsbild der Gebäude nicht beeinträchtigen.

Die durch junge Gartenarchitektinnen aus Zürich entworfene Gartenanlage wird noch vom Fabrikkanal durchflossen, der das nach wie vor in Betrieb

erhalten werden konnte. Der riesige Raum schien anfangs wegen seines verwinkelten Charakters und der schwierigen Belichtungssituation nur eingeschränkt nutzbar; ein begeistertes Käuferehepaar entwickelte dann jedoch zusammen mit dem Architekten Philipp Braendlin, einem Sohn der Eigentümer, ein maßgeschneidertes und überzeugendes Wohnkonzept. Die Abtrennung von drei separaten Schlafzimmern mit zugehörigen Badbereichen konnte die Raumwirkung nicht im Mindesten beeinträchtigen. Am Rand wurden Arbeitsbereiche eingerichtet, die allerdings nur durch Regaleinheiten etwas vom übrigen Raum abgesetzt sind. Die massigen Balken wurden zusätzlich noch als Auflager für eine neu eingebaute Galerieebene genutzt, die den weitläufigen Loft gleichsam aus der Vogelperspektive erleben lässt.

Im »Kuba-Loft«: Der Mieter ist Percussionist und hat oft Bekannte aus der Karibik zu Gast.

Kontrastprogramm: Diese Küche ist bewusst sachlich und modern gehalten.

Arbeitsplatz und Schlaf-
gemach im großen Dach-
Loft.

Hier sind die Größe und die Dachkonstruktion des höchst eindrucksvollen Lofts nachvollziehbar.

144

Küche und Essplatz
leben von der Ausstrah-
lung der alten hölzernen
Balken und Sparren.

Diese stählerne Brücke
verbindet Galerie und
Treppe.

Reihenhaus-Lofts
in einer alten Weberei

Standort:

    Walenstadt

Architekt:

    Kurt Hauenstein, Fläsch

    atelier.f

    Projektmitarbeiter:

    D. Jäger, M. Cassani

Bauherr:

    Wimmo AG, Walenstadt

Erbauungsjahr Altbau:

    1866 und später

Umbauzeitraum:

    1999–2000

Wohnfläche Lofts:

    150 m2/ 230 m²

Rauminhalt (BRI):

    1.500 m³/ 2.100 m³

Raumhöhen:

    Bis 6 m

Umbaukosten je m²:

    SFR 2.800,–/SFR 2.672,–

Während die meisten beim Stichwort »Lofts« sofort an eine Fabriketage denken, kann ein kreativer Architekt aus ehemaligen Gewerbebauten auch gänzlich anders geartete neue Wohnformen schaffen; im Beispiel der 1861 gegründeten Weberei in Walenstadt, einer idyllisch am Walensee gelegenen Kleinstadt im Kanton St. Gallen, führte das Sanierungs- und Umnutzungskonzept des Architekten Kurt Hauenstein zur Entstehung von insgesamt 14 Reihenhaus-Lofts!

Die nach einem Brand bereits 1866, fünf Jahre nach ihrer Gründung, neu aufgebaute und in der Folgezeit mehrfach umgebaute und erweiterte Weberei hat ihren industriellen Charakter dank der behutsamen Herangehensweise von Planer und Bauherrenschaft trotz der notwendigen Anpassung an die Wohnanforderungen weitgehend bewahren können. Der sanierte Trakt, Teil eines insgesamt 3,3 ha großen Fabrikareals mit vielen unterschiedlichen Haupt- und Nebengebäuden, war ursprünglich der große Websaal. Die früher dort über einen Zeitraum von 130 Jahren hergestellten Rohgewebe

Sagenhafte Verwandlung: Aus einem lang gestreckten Websaal wurden Reihenhaus-Lofts. Jedem Loft ist ein eigener Carport zugeordnet.

aus Baumwolle wurden weltweit exportiert. Der gegenüber liegende, parallel zum Websaal orientierte Trakt war einst das Spulereigebäude, das heute nach vorsichtiger Sanierung öffentliche und gewerbliche Nutzungen beherbergt.

So ungewöhnlich die Vorstellung eines Reihenhaus-Lofts auf den ersten Blick auch erscheinen mag, so logisch stellte sich doch dieses Konzept für den Architekten und die Bauherrenschaft dar: Der sanierte Baukörper weist mit insgesamt über 100 m eine beträchtliche Länge auf, ist aber auf der anderen Seite nur eingeschossig, was eine vertikale Aufteilung des Gebäudes von vornherein wenig sinnvoll erscheinen ließ.

Der Umbau zu Reihenhaus-Lofts war demgegenüber nicht nur die planerisch weit vernünftigere, sondern auch die denkmalpflegerisch bestmögliche Lösung. So konnten die ursprüngliche Gestalt, Gliederung und auch das Dach der Weberei nahe am Originalzustand verbleiben.

Die wegen der allgemeinen Krise der europäischen Textilindustrie 1991 geschlossene Weberei wurde vom

Architekten in den Jahren 1999/2000 saniert und umgebaut. Die Auffang-gesellschaft der Weberei fungierte nun gleichzeitig als Bauträger. In kurzer Zeit nach Fertigstellung konnten bereits die meisten Loft-Häuser verkauft wer-den. Sowohl Familien mit Kindern als auch junge Paare haben hier ihren Wunsch-Lebensmittelpunkt gefunden, den sie nach eigener Aussage nie, nie mehr gegen ein »normales« Haus eintauschen würden.

Die bei allen Lofts einheitliche Grund-rissgestaltung umfasst zum einen den eigentlichen südseitigen Hauptraum, den man durch eine Glastür von der Terrasse aus betritt. Die Küche schließt den Hauptraum nach Norden ab. Die Funktionsräume wie Schlafzimmer, Arbeitszimmer und Bad wurden nord-seitig auf zwei Etagen eingerichtet.

Sehr dankbar sind die Loft-Besitzer auch über die riesigen Kellergewölbe der alten Weberei, die immensen Stau- und Lagerraum bieten. Einige Loft-Eigentümer haben in diesen Gewölben sogar mit viel Kreativität aus Fund-stücken und Reise-Souvenirs der gan-zen Welt eine Art multikulturelle

Arrangements gestaltet. Die südseitig neu vorgebauten Terrassen wurden mit Überdachungen in Stahl-Glas-Konstruktion versehen; unter den holz-gedeckten Terrassen steht wiederum zusätzlicher »Parkraum« für Fahrräder zur Verfügung. Nicht nur die Lofts selbst, sondern auch die südseitig vor-gelagerten Gartenanteile und die sich

anschließenden Carports aus Beton nehmen die regelmäßige Gliederung des alten Websaals und der Reihen-haus-Lofts auf.

Sowohl die mit 6 m selbst für Lofts immense Höhe als auch die mit 14 m beeindruckende Tiefe der Innenräume und natürlich der Raumeindruck ins-gesamt lassen eher an das Musterbei-spiel eines Traum-Lofts als an Reihen-häuser denken. Die 14 Lofts wurden – bei identischer Raum-höhe und Tiefe – in Einheiten mit 230 m² Wohnfläche bei 7,5 m Breite beziehungsweise in Einheiten mit 150 m² bei 5 m Breite abgeteilt. Selbst die »kleineren« Lofts erzeugen ein bei Reihenhäusern bisher nicht gekanntes Raumgefühl. Dazu trägt nicht zuletzt die Belichtung durch insgesamt vier – bauseits vor Sanie-rungsbeginn bereits vorhandene – Licht-Sheds (in das Dach integrierte Lichtbänder) maßgeblich bei.

Hohe Räume mit unglaublicher Tiefe werden durch Dachsheds mit natürlichem Licht versorgt.

Grundriss Obergeschoss

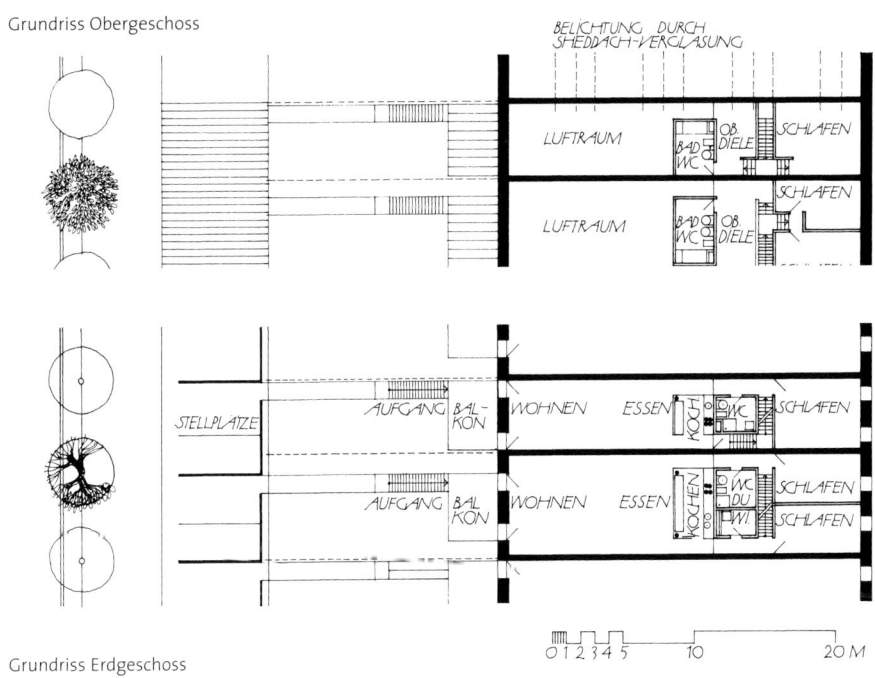

BELICHTUNG DURCH SHEDDACH-VERGLASUNG

LUFTRAUM · BAD WC · OB.DIELE · SCHLAFEN

LUFTRAUM · BAD WC · OB.DIELE · SCHLAFEN

STELLPLATZE · AUFGANG · BALKON · WOHNEN · ESSEN · KOCH · WC · SCHLAFEN

AUFGANG · BALKON · WOHNEN · ESSEN · KOCHEN · WC DU W! · SCHLAFEN

0 1 2 3 4 5   10   20 M

Grundriss Erdgeschoss

Grundriss Gesamtanlage

0   5   10   20M

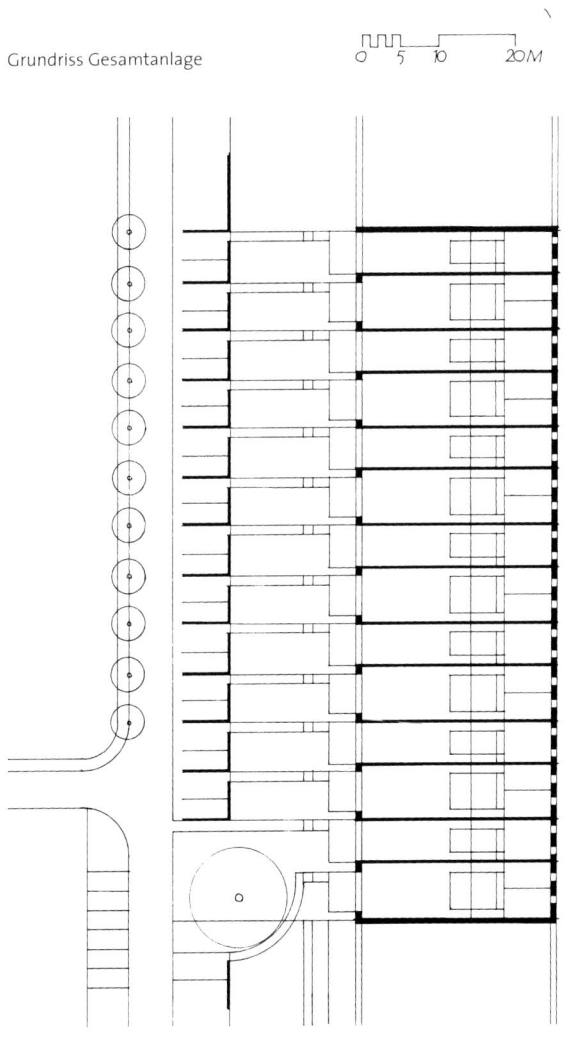

Stillleben in Schwarz-Weiß: Die Fiberglas-Chaiselongue »La Chaise« von Charles und Ray Eames ist hier vor Sehnsuchts-Bildern unter Palmen postiert. Der Beton des Fußbodens nimmt die Rauheit des Gewerbebaus auf.

153

Dachuntersicht mit Licht-
shed.

Rechts: Sitzecke mit
Design-Klassikern, unter
anderem dem LCM-Modell
von Charles und Ray Eames.

Ein großzügiger Waschplatz
in Gelb. Durch das Glasband
kommt Tageslicht ins Bad.

Schlafzimmer im Ober-
geschoss mit Ausblick
auf die Berge.

Anhang

Literaturverzeichnis

Brugger, Hanser und Partner
Die volkswirtschaftliche Bedeutung der Denkmalpflege in der Schweiz
Bern und Zürich 1991

Francisco Asensio Cerver
Lofts, Freiraum zum Wohnen und Arbeiten
München 2000

Deutsches Nationalkomitee für Denkmalschutz (Hg.)
Eine gesicherte Zukunft für unser Kulturerbe. Steuererleichterungen nach dem Einkommensteuergesetz als Eckstein der Kulturpolitik (...)
Bonn 1998

Thomas Drexel
Alte Häuser sanieren
München 1998

Thomas Drexel
Neue Treppen, Konstruktion und Design
München 2000

Wolfgang Eberl und Rudolf Kleeberg (Bearb.)
Denkmalschutzgesetze
Bonn 1997 (zu beziehen über das Deutsche Nationalkomitee für Denkmalschutz)

Manfred F. Fischer, Rudolf Kleeberg und Jan Viebrock
Kursbuch Denkmalschutz
3. Auflage, Bonn 2000 (zu beziehen über das Deutsche Nationalkomitee für Denkmalschutz)

Axel Föhl
Bauten der Industrie und Technik
2. Auflage, Bonn 1996 (zu beziehen über das Deutsche Nationalkomitee für Denkmalschutz)

Gottfried Kiesow
Einführung in die Denkmalpflege
3. Auflage, Darmstadt 1995

Kulturbehörde Hamburg/Denkmalschutzamt (Hg.)
Fabriken
Hamburg 1992

Volker Rödel
Fabrikarchitektur in Frankfurt a. M. 1774–1924
Frankfurt a. M. 1984

Volker Rödel
Ingenieurbaukunst in Frankfurt a. M. 1806–1914
Frankfurt a. M. 1983

Volker Rödel
Reclams Führer zu den Denkmalen der Industrie und Technik in Deutschland Alte Länder
Stuttgart 1992

Wilhelm Ruckdeschel und Klaus Luther
Technische Denkmale in Augsburg
Augsburg 1984

Schauspielhaus Zürich (Hg.)
Schiffbau
Broschüre, Zürich 2000

Ursula Schneider (Hg.)
Fabriketagen
Leben in alten Industriebauten
2. Auflage, Hamburg 1999

Hans Thürer
100 Jahre Weberei Walenstadt
Walenstadt 1961

Manfred Wehdorn und Ute Georgeacopol-Winischhofer
Baudenkmäler der Technik und Industrie in Österreich
2 Bände, Graz und Wien 1984, 1992

Über diese genannten Bücher hinaus sei hier insbesondere auf die Veröffentlichungen der Deutschen Landesdenkmalämter, des Österreichischen Bundesdenkmalamts beziehungsweise seiner Fachstellen und der jeweiligen Kantonalen Denkmalpflege in der Schweiz verwiesen. Die Deutsche Stiftung Denkmalschutz gibt ein monatlich erscheinendes Magazin für Denkmalkultur (»Monumente«) sowie Jahresberichte heraus, die auch Informationen und Anregungen zur Sanierung von Industriedenkmälern und Fabriketagen enthalten. Die Adressen der genannten Organisationen sind nachstehend aufgeführt. Ferner veröffentlichen auch Architektur-Fachzeitschriften Sonderhefte zu Industriedenkmälern und deren Umnutzung.

Wichtige Adressen

Bundesdenkmalamt Österreich
Hofburg,
Säulenstiege
A-1010 Wien
Telefon (00 43) (+1) 53 41 50
Telefax (00 43) (+1) 53 41 52 52

Deutsche Stiftung Denkmalschutz
Koblenzer Straße 75
D-53177 Bonn
Telefon (02 28) 95 73 80
Telefax (02 28) 9 57 38 23
E-mail: info@denkmalschutz.de
www.denkmalschutz.de

Deutsches Nationalkomitee für Denkmalschutz
Graurheindorfer Straße 198
D-53117 Bonn
Telefon (0 18 88) 6 81 36 11 oder
(0 18 88) 6 81 35 58
Telefax (0 18 88) 6 81-38 97

Vereinigung der Landesdenkmalpfleger in der Bundesrepublik Deutschland
Geschäftsstelle bei der Kulturbehörde
Hamburg
Imstedt 18–20
D-22083 Hamburg

Danksagung

Der herzliche Dank des Autors gilt zunächst allen Eigentümern, Mietern und Architekten, deren Lofts und Projekte in diesem Buch vorgestellt wurden. Ohne ihre Bereitschaft zur Zusammenarbeit, ihre Offenheit und oft auch ihre Gastfreundschaft wäre das Zustandekommen des Werkes nicht möglich gewesen. Ferner waren aber auch viele andere Personen mit Informationen, Materialien, Rat und Tat behilflich. Genannt seien hier insbesondere Imme Wittkamp vom Westfälischen Amt für Denkmalpflege, Dr. Luis Moreno-Fernandez vom Denkmalschutzamt Hamburg, Dr. Volker Rödel vom Denkmalamt der Stadt Frankfurt, Dr. Pierre Hatz von der Kantonalen Denkmalpflege St. Gallen, Theresia Gürtler vom Amt für Städtebau der Stadt Zürich, Beatrice Dannegger und Roger Strub von der Denkmalpflege der Stadt Bern, Monika Thesenbold und Frau Dr. Neubauer vom Landeskonservatorat Wien des Österreichischen Bundesdenkmalamts, Dr. Brugger vom Landeskonservatorat für die Steiermark, Dr. Bernd Euler vom Landeskonservatorat für Oberösterreich, die Mitarbeiter der Deutschen Stiftung Denkmalschutz und des Deutschen Nationalkomitees für Denkmalschutz, Architekt Sampo Widmann, Architekt Michel Waeber sowie Anke Timmerbrink von Michael Wilford Architekten.

Die Projektverantwortlichen im Callwey Verlag haben durch ihren Einsatz und ihre höchst professionelle Arbeit maßgeblich zum Gelingen des Buchs beigetragen; genannt seien hier besonders Dr. Stefan Granzow, Andrea Hölzl, Christa Schauer und Dorothea Montigel. Ein herzlicher Dank auch an den Grafiker Helmut Gebhardt sowie an die Redaktion des »Baumeister« für gute Loft-Tipps.
Zuletzt danke ich meinem Vater Wilhelm Drexel für die wunderbare Umzeichnung der Planunterlagen.

Adressen der Projekte

Stadtlagerhaus in Hamburg
(S. 22–27; Fotos: Dirk Robbers, Hamburg/artur architekturbilder; S. 26 Cordelia Ewerth, Hammoor)

Architekt:
Jan Störmer Architekten
Projektmitarbeiter: Constanze Biesterfeldt, Boris Krusenotto
Michaelisbrücke 1
D-20459 Hamburg
Telefon (0 40) 3 69 73 70
E-mail: info@stoermer-architekten.de
www.stoermer-architekten.de

Projektentwicklung/ Generalübernehmer:
Garbe Bautechnik GmbH, Hamburg
Valentinskamp 18
D-20354 Hamburg

Eigentümer:
Volksfürsorge Versicherungsgruppe, Hamburg
An der Alster 63
D-20099 Hamburg

Maschinenfabrik in Hamburg
(S. 28–31; Fotos: Archiv Architekten)

Architekt:
Paetzel Architekten
Volker Paetzel
Hohenzollernring 27
D-22763 Hamburg
Telefon (0 40) 39 91 91 30
E-mail: info@paetzelarchitekten.de
www.paetzelarchitekten.de

Bauherr:
Grundstücksgesellschaft Planckstraße b. R., Hamburg

Developer:
DDP DEUTERON DEVELOPMENT
Gesellschaft für Projektentwicklung mbH Hamburg
Große Bleichen 35
D-20354 Hamburg

Bauausführung:
ARGE Planckstraße

Vermietung:
DiV Immobilien
Verwaltungsgesellschaft mbH,
Hamburg
Große Bleichen 35
D-20354 Hamburg

Postlagergebäude in Hamburg
(S. 32–35; Fotos: Holger Stein, Freital)

Architekten:
HPP Hentrich-Petschnigg und Partner
KG
Georgsplatz 1
D-20099 Hamburg
Telefon (0 40) 46 00 00
E-mail: hamburg@hpp.com

Bauherr und Vermittlung:
CALLISTON Gesellschaft für
Projektentwicklung mbH
Niederlassung Hamburg
Osterfeldstraße 11
D-22529 Hamburg
Telefon (0 40) 4 60 95 10
www.calliston.de

Fabrikgebäude in Berlin
(S. 36–39; Fotos S. 36–37: Isabell Simon,
Berlin; S. 38–39: Mathias Koslik, Berlin)

Architekt:
Bernward Grützner
Winterfeldtstraße 3
D-10781 Berlin
Telefon (0 30) 39 78 94 20
E-mail: BGruetzner@t-online.de

Bauherr und Vermittlung:
»Alte Seifenfabrik« 2–2 Berlin-Mitte
Objektgesellschaft mbH & Co.
real estate GmbH
Clausewitzstraße 9
D-10629 Berlin

Fabrikgebäude in Leipzig
(S. 40–45, 17; Fotos: Archiv Architekten)

Architekten:
Fuchshuber und Partner
Gregor Fuchshuber, Gert-Ingulf Müller
Jahnallee 28
D-04109 Leipzig
Telefon (03 41) 98 24 40
E-mail: mail@fuchshuberpartner.de
www. fuchshuberpartner.de

Bauherr, Verkauf und Vermittlung:
Atrium
Anlagen- und
Bauberatungsgesellschaft mbH
Klaus und Andreas Vollmers

Fabrikgebäude in Leipzig
(S. 46–49, 12; Fotos: Archiv Architekten)

Architekten:
Fuchshuber und Partner
Gregor Fuchshuber, Gert-Ingulf Müller
Jahnallee 28
D-04109 Leipzig
Telefon (03 41) 98 24 40
E-mail: mail@fuchshuberpartner.de
www. fuchshuberpartner.de

Bauherr, Verkauf und Vermittlung:
Eigentümergemeinschaft Jahnallee 28
c/o Architekturbüro Fuchshuber
und Partner

Fabrikgebäude in Leipzig
(S. 50–53; Fotos: Archiv Architekten)

Architekten:
Fuchshuber und Partner
Gregor Fuchshuber, Gert-Ingulf Müller
Jahnallee 28
D-04109 Leipzig
Telefon (03 41) 98 24 40
E-mail: mail@fuchshuberpartner.de
www. fuchshuberpartner.de

Verwaltung:
Neukirch & Partner
Telefon (0 64 31) 93 94 12

Speichergebäude in Münster
(S. 54–59; Fotos: Olaf Mahlstedt,
Münster)

Architekt:
Ulrich Brackhagen
Veghestraße 11
D-48149 Münster
Telefon (02 51) 92 23 04
E-mail: U.Brackhagen@t-online.de
www.brackhagen-architekten.de

Bauherr:
Wolfgang Hölker
Coppenrath Verlag KG, Münster
Hafenweg 30
D-48155 Münster

Fabrikgebäude in Rheda-Wiedenbrück
(S. 60–63, 8; Fotos: Archiv Architekten)

Architekten
agn Paul Niederberghaus & Partner
GmbH
Groner Allee 100
D-49479 Ibbenbüren
Telefon (0 54 51) 5 90 10
E-mail: info@agn.de
www. agn.de

Bauherr und Vermietung
Bauherrengemeinschaft
»Alte Brennerei Hagedorn« GbR
Keppler Straße 9
D-49477 Ibbenbüren

Werkstatthalle in Mülheim a. d. Ruhr
(S. 64–71; Fotos: Deimel + Wittmar,
Essen)

Architekt:
Frank Ahlbrecht
Cäcilienstraße 6a
D-45130 Essen
Telefon (02 01) 7 7 10 59

Bauherr:
Baugemeinschaft Kfz-Halle
Mülheim a. d. Ruhr

Kupferschmiede in Köln
(S. 72–77; Fotos: Soenne,
Aachen/Kopenhagen)

Architekten:
Horst Fischer
Kratzenfabrik
Lothringerstraße 61
D-52070 Aachen
Telefon (02 41) 94 97 60
E-mail: mail@fischerarchitekten.de

Wasserwerk in Siegburg
(S. 78–85; Fotos: Archiv Architekten)

Architekten:
Jaspert und Steffens
Auf dem Brand 3
D-50996 Köln
Telefon (02 21) 6 60 75 60
E-mail: info@jaspert-steffens.de
www. jaspert-steffens.de

Fabrikgebäude in Frankfurt
(S. 86–89; Fotos: Archiv Eigentümer)

Bauherr, Vermietung und Beratung:
Dr. Ulrich Nöhle
Goldsteinstraße 61a
D-60528 Frankfurt a. M.
Telefon (01 71) 3 36 76 68
Telefon und Telefax (0 69) 8 00 43 54
E-mail: ulrich.noehle@fuzzy-factory.de
www.fuzzy-factory.de

Spinnerei in Plochingen
(S. 90–93; Fotos: Siegfried J. Gragnato,
Stuttgart)

Architekt:
Ivano Gianola
Projektmitarbeiter: Stefano Rizzi,
Isabelle Aichinger, Lorenzo de Luca;
Angela Johr, Sara Plutino
Via Municipio 10
CH-6850 Mendrisio
Telefon 00 41(91) 6 46 69-71/-72
E-mail: gianola@luganet.ch

Bauherr:
Gemeinnützige Baugesellschaft,
Plochingen

Spinnerei in Kollnau
(S. 94–97; Fotos: Jens Weber, München)

Architekten:
Hermann + Öttl
Blutenburgstraße 93
D-80634 München
Telefon (0 89) 1 67 50 30
E-mail: hermoett@aol.com
www.hermann-oettl.de

Bauherrenschaft:
Astrid und Michael Ganter
Albert-Schill-Straße 1
D-79183 Waldkirch

Vermittlung:
Ganter Ladenbau GmbH
Am Kraftwerk 4
D-79183 Waldkirch
www.projekt-kraftwerk.de

Druckmaschinenfabrik in München
(S. 98–105, 7 o. links, 11, 13; Fotos:
Thomas Drexel, Friedberg/Bay.)

Architekten:
Abels und Bahner
Norbert Abels und Hajo Bahner
Goethestraße 34
D-80336 München
Telefon (0 89) 55 51 70
E-mail: norbert.abels@gmx.de
oder hjbahner@gmx.de

Eigentümer und Vermietung:
Günter Hartmann
Objektmanagement
Maximilianstraße 3
D-86150 Augsburg
Telefon (08 21) 2 43 77 10

Zahnradfabrik in München
(S. 106–111, 19; Fotos: Thomas Drexel,
Friedberg/Bay.)

Architekten Loft:
Franziska und Philip Hoevels
D-80337 München
Telefax (0 89) 51 70 09 96
E-mail: hoevels@yahoo.de

Vermittlung Gesamtobjekt:
Loft-House Immobilien
Gyula Turmayer
Neumarkter Straße 75
81673 München
Telefon (0 89) 54 07 35 43
E-mail: info@loft-house.de
www.loft-house.de

Fassfabrik in München
(S. 112–117, 18; Fotos: Thomas Drexel,
Friedberg/Bay.)

Adresse Eigentümer:
Loft-House Immobilien
Gyula Turmayer
Neumarkter Straße 75
81673 München
Telefon (0 89) 54 07 35 43
E-mail: info@loft-house.de
www.loft-house.de

Stadtmühle in Graz
(S. 118–123; Fotos: Paul Ott, Graz)

Architekt:
Hans Gangoly
Projektmitarbeiter: Ida Pirstinger,
Therese Janeschitz-Kriegl
Volksgartenstraße 18
A-8020 Graz
Telefon 00 43 (3 16) 71 75 50
E-mail: office@gangoly.at
www.gangoly.at

Bauherr und Vermietung:
Albin Sorger, Graz

Brotfabrik in Wien
(S. 124–129, 14; Fotos: Paul Ott, Graz)

Architekt Loft:
Udo Huber
Kortschankweg 30 e
A-8046 Graz
Telefon 00 43 (3 16) 2 50 27 51

Architekten Generalsanierung:
Eichinger oder Knechtl
Franz-Josefs-Kai 29
A-1010 Wien
Telefon 00 43 (1) 53 55 42 40
E-mail: desk@eok.at
www.eok.at

Fabrikgebäude in Linz
(S. 130–131; Fotos: Foto Schepe, Linz)

Architekten:
Schremmer und Jell
Helga und Bernhard Schremmer,
Siegfried Jell
Ottensheimer Straße 58
A-4040 Linz
Telefon 00 43 (7 32) 73 30 84
E-mail: arch.schremmer-jell@aon.at

Fabrikgebäude in Zürich
(S. 132–133; Fotos: Georg Siedle, Schwyz)

Architekten:
bkf architektur ag
Andrea Barben, Jörg Koch, Claudio Fries
(vormals Fahrländer und Fries)
Friedaustraße 23
CH-8040 Zürich
Telefon 00 41 (1) 4 00 55 11
E-mail: mail@bkf.ch
www.bkf.ch

Bauherrenschaft und Vermietung:
Stiftung PWG
Werdstraße 36
Postfach
CH-8026 Zürich
Telefon: 00 41 (1) 2 91 17 60
E-mail: pwgstiftung@access.ch
www.pwg.ch

Fabrikgebäude in Zürich
(S. 134–139; Fotos: Martin Zeller, Basel)

Architekten:
Ortner & Ortner
Manfred und Laurids Ortner
Döblergasse 4
A-1070 Wien
Telefon 00 43 (1) 5 23 28 12
E-mail: baukunst@ortner.at

Fabrikgebäude in Jona
(S. 140–147, 6 u., 7 rechts o., 20; Fotos:
Thomas Drexel, Friedberg/Bay.)

Architekten:
Broggi + Santschi Architekten
Mühlezelgstraße 53
CH-8048 Zürich
Telefon 00 41 (1) 4 91 14 14
E-mail: info@bsarch.ch

Bauherren, Verkauf und Information:
Spinnerei Jona
Braendlin AG
Holzwiesstraße 37
CH-8645 Jona
Telefon 00 41 (55) 2 12 32 21

Generalunternehmer:
Mobag AG
Hohlstraße 560
CH-8048 Zürich
Telefon 00 41 (1) 4 35 80 80

Landschaftsarchitektur:
planetage gmbh
Hardstraße 219
CH-8005 Zürich
Telefon 00 41 (1) 2 71 36 66
E-mail: in@landschaftsarchitekten.ch
www. landschaftsarchitekten.ch

Fabrikgebäude in Walenstadt
(S. 148–155, 2, 9, 16, 21; Fotos: Thomas
Drexel, Friedberg/Bay.)

Architekt:
Kurt Hauenstein
atelier.f
Projektmitarbeiter: D. Jäger, M. Cassani
CH-7306 Fläsch
Telefon 00 41 (81) 3 30 12 92
E-mail: architektur@atelier-f.ch
www.atelier-f.ch

Bauherr:
Wimmo AG
Bahnhofstraße 34
CH-8880 Walenstadt

Verkauf:
Wick Liegenschaftstreuhand AG
Weinfelderstr. 6
CH-9542 Münchwilen
Telefon 00 41 (71) 9 69 30 10
www.immo-line.ch/wick

Impressum

© 2002 Verlag Georg D. W. Callwey
GmbH & Co. KG,
Streitfeldstraße 35
81673 München
www.callwey.de
E-mail: buch@callwey.de

Die Deutsche Bibliothek –
CIP-Einheitsaufnahme
Ein Titelsatz für diese Publikation
ist bei der Deutschen Bibliothek erhält-
lich.

ISBN 3-7667-1510-0

Umschlaggestaltung:
Christa Schauer und Helmut Gebhardt,
München,
unter Verwendung von Abbildungen
von S. 108 (Vorderseite), S. 27 und 37
(Rückseite).

Gestaltung:
A34, Helmut Gebhardt, München

Litho:
Trevicolor, Treviso

Druck und Bindung:
Format Druck, Rosenheim

Printed in Germany 2002